60个妙招

帮你培养
孩子的
独立性

柴一兵 —— 编著

北京工业大学出版社

图书在版编目（CIP）数据

60个妙招帮你培养孩子的独立性 / 柴一兵编著. —
北京：北京工业大学出版社，2015.1（2021.9重印）
ISBN 978-7-5639-4168-1

Ⅰ.①6… Ⅱ.①柴… Ⅲ.①自我管理－能力培养－
儿童教育－家庭教育 Ⅳ.①G78

中国版本图书馆CIP数据核字(2014)第299466号

60个妙招帮你培养孩子的独立性

编　　著：	柴一兵
责任编辑：	戴奇钰
封面设计：	清水设计工作室
出版发行：	北京工业大学出版社
	（北京市朝阳区平乐园100号　邮编：100124）
	010-67391722（传真）　bgdcbs@sina.com
经销单位：	全国各地新华书店
承印单位：	唐山市铭诚印刷有限公司
开　　本：	787 毫米×1092 毫米　1/16
印　　张：	14
字　　数：	200千字
版　　次：	2015年1月第1版
印　　次：	2021年9月第2次印刷
标准书号：	ISBN 978-7-5639-4168-1
定　　价：	39.80元

前　　言

　　作为父母，无不希望自己的孩子在学校时能自己照顾好自己，长大后能够独当一面。这种自主自强的独立能力，是孩子一生受用的财富。美国心理学家曾对1500位儿童进行长期追踪观察，30年后发现其中20%的没有取得什么成就的人与另外成就最大的20%的人相对比，最显著的差异并不在智力方面，而在于个性品质的不同。成就卓越者都是有坚强的毅力、独立的个性和勇往直前的品质的人。可见，孩子的独立品格对成长和成才是何等重要。

　　独立性是指一个人独立分析和解决问题的能力，它是社会生存及进行创造性活动必备的心理素质。幼教专家指出，生存教育的根本在于培养独立性，包括独立意识和独立能力，重点要培养自理生活能力。独立性的培养必须从小抓起。培养孩子独立性是随时随地都应有的教育，家长要把培养孩子独立性的目标装在心里。培养孩子独立性，要让孩子有自己的主见，自己为自己的明天做主，要让孩子学会独立思考和创新，独立做属于自己的事情。家长应根据孩子的年龄特点经常为孩子提供独立活动的机会和条件，帮助他们逐步学会自己做事、自己动脑筋想问题。

　　然而，在现实生活中，不少父母对孩子的爱缺乏理智，爱得太过火。孩子饭来张口、衣来伸手不说，父母对孩子提出的要求无论是否合理，也都一律应允，以至于有人得出结论：中国的父母或许是最纵容的父母，中国的孩子也可能是最"幸福"的孩子。然而，喜欢为孩子包办代替的父母有没有想过，他们能包办孩子半生，但能包办孩子一辈子吗？父母难保百年春，朱自清曾说过："爱孩子，就让孩子自己去闯，不能让他们像小鸡似的躲在父母的翅膀底下寻求保护，那样一辈子都不会有出息的！"是的，未来是属于孩子的，孩子未来的路要靠他们自己去走，未来的生活要靠他们自己去创造。

　　意大利著名教育家蒙台梭利有一段名言：教育首先要引导孩子走独立的

道路，这是我们在进行教育的过程中非常重要的问题。国外的孩子18岁以后就开始独立面对人生，不再依靠父母了。在这样一个文化背景下，国外的家长必然从小就注意对孩子进行独立性的培养，因为这关系到孩子未来的生存。而我们国家的家长大多把自己的孩子看成是无能的，什么都为孩子包办，看不到孩子内在的潜力，这种观念上的差异对孩子的影响很大。

因此我们应意识到，引导孩子沿着独立的道路前进非常重要。因为儿童自身就有很大的潜力，新时代的家长要注意更新自己科学的发展观，要从小就注意到培养幼儿的独立性，让孩子走出被过度保护的樊篱，多一些自主谋生的意识。

当今社会对独立能力的要求与日俱增。作为家长，疼孩子、爱孩子，就应该为孩子作长远打算，放开对孩子的"保护"，让孩子在独立中成长。给孩子条件，让他们去锻炼；给孩子空间，让他们去安排；给孩子机会，让他们去思考；给孩子机遇，让他们去抓住；给孩子题目，让他们去发挥；给孩子困难，让他们去解决；给孩子责任，让他们去承担。当然，放手让孩子干自己的事并不是放任不管。当孩子提出一些与自己能力不相适应的要求时，或者孩子干的事情具有危险性时，家长也不能过分迁就孩子或者视而不见，否则就会造成孩子任性、不听话的性格，以后还会不断提出不合理要求。家长要耐心开导孩子，也可以将可能产生的一些不良后果告诉孩子，这样孩子就比较容易接受，不会产生抵抗情绪。

总之，家庭是孩子生命历程的起点，孩子将来有什么样的能力，能够以什么样的姿态立足于社会，多半是受家庭的影响，取决于家庭的教育。作为家长，应该从小培养孩子的独立性，让孩子在一点一滴的小事中积累经验，在实践中掌握独立的本领。

本书围绕家长如何培养孩子的独立性展开，选取了跟孩子的成长和学习、家长的观念和智慧等相关的60个教育话题，既有自己的真实育儿案例分享，也有针对媒体报道的典型事件进行的评论和探讨。探讨家长在培养孩子独立性方面应该注意的一些要点，以及家长如何进行自我成长才能教育好孩子。

目　　录

第三章　爱孩子，就把孩子推出家门去

第四章　培养能力，有能力的孩子不依赖

第五章　学会理财，经营人生从小算细账

第六章　学会交际，善交际的孩子不依赖

第七章　自强自爱，这样做孩子更有出息

第八章　该怎么办，这些情况孩子都可能有

第一章　学习上依赖，
父母成了孩子的"秘书"

1

文具忘记带，叫一声家长就送过来了

 情景再现

　　彤彤今年上小学二年级，平日里就是一个经常爱忘事的小女孩儿。每天上学，不是铅笔、橡皮、尺子等文具忘在家里，就是红领巾没有戴，有时候甚至连当天的课本都忘记拿。为此，彤彤的妈妈去学校给孩子送东西，就成了一种习惯。

　　今天早上，妈妈照例送完女儿彤彤去学校后赶在上班的路上，正准备上地铁的时候，彤彤的班主任就打来电话了，让她把彤彤今天美术课要用的油画棒送过来。虽然此刻妈妈的心里很生气，但还是急忙赶回了家里。进门后一看，自己昨晚为女儿准备好上美术课的油画棒竟被忘在了书桌上。

　　于是，彤彤妈妈赶紧又将油画棒送到了女儿的学校。就这样前后折腾了两个多小时，最后到公司时已经接近中午了。彤彤妈妈不仅错过了会议时间，还被领导狠狠地批评了一顿。

 孩子的心里话

　　忘记带文具，对于我来讲已经是很平常的事情了。反正，不管我没带什么东西，只要老师给妈妈打个电话，妈妈就会及时地出现，帮我送到学校来的。所以，我一点都不用担心，忘了带就忘了带吧！

❓ 家长该怎么办

孩子忘记带东西是经常的事，尤其是对于那些刚刚进入小学校园的孩子们来讲，更是一种会普遍出现的情况。

作为家长，有意识地去培养孩子自己的事情自己做。例如，在培养孩子自己收拾书本文具的好习惯上，家长可以从准备，到实施，再到督促，分阶段、循序渐进地对孩子加以引导。

1.准备：首先需要和孩子多交流沟通

例如房间内自己的书桌上书本、文具及各种小物件应该如何摆放更合理，使用更方便，等等，要让孩子参与并提出自己的想法和意见，家长必须要注意耐心地倾听，适时地鼓励，给予孩子信心和兴趣。这一点极为重要。

2.实施：先教会孩子具体的方法，然后再加以引导

例如：每天在孩子做完作业以后，培养让孩子自己将书本文具收拾进书包，并且放整齐的习惯。这个阶段中，刚开始家长要先教给孩子收拾书包的方法，边教边示范，尤其是对于这个过程中那些适应能力比较慢的孩子，一定要有足够的耐心和细心，要让孩子看到自己动手的成果，体验到成功的快乐。同时，家长在细致的示范讲解后，就要鼓励孩子自己动手来收拾书包。这期间，家长要特别注意：当您的意见与孩子不一致时，要以孩子的想法和做法为优先；当孩子的摆放不合理，要启发引导孩子明白原因，不能强制性地对孩子加以批评和指责。

3.督促：细致总结，提出改善的建议

在孩子自己实施的过程中，家长要引导和检查孩子收拾书包的效果；在细致的总结中，帮助孩子提出改进的建议，逐渐提高收拾书包的标准。当然，在这一过程中，也可以制定必要的奖惩措施，以便增强其积极性。经过以上长期训练，孩子就会形成一个很好的习惯。

放学不用怕，反正有人送有人接

牛牛今年上小学五年级了，学校离家大约半个小时的路程。每天早上，牛牛由父母负责送去学校，下午放学时则由姥姥负责接回家。有时候，当遇上个突发情况，大家再临时补位。总之，在每天必须接送孩子的中心原则下，全家人不停地忙碌着。

有一次，因为牛牛的姥姥临时有事回老家，而牛牛的妈妈刚好又出差，只能由爸爸来负责接孩子。可因为正在开会一时走不开，爸爸一时无奈做了一次大胆的尝试，提前告知老师自己不能去接孩子，并提供了从学校回家的详细路线，让牛牛放学后自己坐车回家。

即便如此，爸爸的心里还是无法放心，整个会议中都无法集中精神，等到会议一结束，爸爸就立刻飞奔回家。一进门，爸爸看见牛牛正坐在房间内写作业。一见爸爸，牛牛马上兴奋地跑过来，和爸爸讲述起今天放学自己是如何穿过马路，坐公交车回家的……

看着孩子天真的笑容，以及认真的表情，爸爸本想做一些自我批评，可转眼一想，不能把孩子刚刚建立起来的自信与勇气击退掉，于是爸爸着实表扬和鼓励了牛牛一番。

孩子的心里话

其实，每天早上或是晚上放学时，看着那些身挂公交卡在公交站自己等车回家的同学，我还真有些羡慕呢。毕竟我已经上五年级了，又是个男孩子，我很想在上学、放学的路上，与同路的同学们尽情地聊聊天，或是说说身边好玩的事，谈谈学习之类的。而且，我长大了，回家的路线早就清楚了，不用家长每天都接送，我自己也是可以上学和放学的！

❓ 家长该怎么办

孩子的安全问题，可以说是父母一生的牵挂。特别是孩子上学和回家的那一段路上，家长总是提心吊胆，唯恐出点什么事，只有孩子平安回来后，悬着的心才能放下来。

当然，对于低年级的孩子来讲，家长适时接送的行为可以理解，也在所难免。但现在有的孩子都上四五年级了，甚至已经上初中了，家长依然需要接送孩子上学和放学。其实，这非常不利于孩子身心的发展，尤其是孩子独立性的培养。从家长的角度考虑，接送孩子无非是因为几个原因。

一是怕孩子出现交通意外。因为学校离家远，上学放学要过马路，现在车辆比较多，交通秩序也比较差，怕孩子出现交通意外，是家长接送孩子的主要原因。

二是孩子年龄小，怕遇到坏人。现在的社会，坏人比较多，怕孩子年龄小、识别不清、吃亏上当，也是家长不放心孩子独自上学的一个原因。

但是，孩子总要长大，不可能永远受到父母的庇护，如果孩子习惯于依赖父母，将无法形成独立意识和闯劲。同时，孩子并不像家长想象的那么脆弱，孩子的潜能是完全可以发掘出来的，关键是在适当的时候家长舍不舍得放手。家长应及早教给孩子安全过马路、识别和防范恶人的知识，然后让孩子自己去面对上学、放学的路途，给孩子一个成长的机会。以下是给家长的一些方法和建议。

1.家长要狠下决心

对孩子来说，人生的路最终要靠他自己去走，而能独立上学，则是孩子成长的起步。其实，孩子完全有能力自己去上学、回家，关键就看家长在适当的时候能不能下狠心，给孩子一个成长的机会。当然，在义务教育阶段应尽量遵循就近入学的原则。而前期工作要做足，要让孩子有充分的准备，比如，家长可以先悄悄跟在孩子后面，当路途中发现孩子遇到摔跤等小型突发事件时，克制住自己的感情，然后让孩子自己去面对，克服困难，直至目送其进入校园为止。

2.告诉孩子安全常识

培养孩子独自上学的能力。刚开始，父母可以多花点时间与精力用于如何教会孩子自己上学和放学回家的方法上。例如：先带孩子熟悉去学校的几条路径，让孩子记住行车的路线以及所要坐的公交汽车。当然，在让孩子独立上放学之前，父母还要让孩子有充分的准备，学习应付突发事件的方法，例如让孩子记住明显的标志，告诉孩子如果坐车坐过了站或者提前下车了应该怎样处理；或是让孩子切记不要在路上打闹、追逐等；还可以让孩子先单独走几次，父母悄悄尾随其后，看一看孩子是否真的学会了自己上学。这样做既可以锻炼孩子的独立生活能力，又可以逐步减轻家长接送孩子的负担。

3.让孩子结伴而行

孩子在学校总会有路途相近的同学，因此，可以让孩子找同学结伴上学、放学。这样做，不仅一路上欢声笑语，还可以交流思想，增进友情。同时，在路上，如果遇到困难或是问题，也可以共同解决，学会如何处理问题，还可以培养孩子之间的那种团队意识与协作精神，何乐而不为呢。

作业不用查，反正老师也要求家长检查

玲玲从幼儿园开始，每当有家庭作业时，妈妈都是在旁边一直陪着她做，并且帮助她进行检查。久而久之，这种习惯一直沿袭到她上了小学。如今，已经是小学二年级的玲玲，每次回家做作业时，父母如果没在身边看着，她自己就无法完成。作业一旦完成后，自己连看都不会看一眼，就会立即将作业本"嗖"的一声扔给爸爸妈妈，而她自己早已经拿起游戏机开始玩起游戏了。

有的时候，妈妈发现了一些错误，叫她过来看看，玲玲就会很不情愿地走过来，说："我正忙着呢，你就帮我改过来吧！"如此连续几次，妈妈终于看着她不耐烦的样子，忍不住发火，打了孩子一巴掌，玲玲委屈地大哭起来……

 孩子的心里话

以前，我写完作业后，爸爸妈妈都是主动过来帮我检查作业的，而且有时，妈妈还会帮助我改过来，根本就不需要我自己看呀。凭什么这回就对我这么凶呢？我又没做错什么，本来检查作业就是大人的事情，你检查出来以后，我下次不犯就行了。

家长该怎么办

1.孩子不自己检查的原因

以上的情况，相信大多数的家长都遇到过。其实我们都知道，这样的教导方式对孩子养成好习惯是很不利的。那么，到底是什么导致孩子做完作业之后不自愿检查呢？总结起来，不外乎以下几个原因。

（1）不会检查

很多孩子在检查题目或是作业时，其实就是机械地看一遍，走马观花，一目十行。表面上好像在检查，但实质上他们并没有动脑，更没有动笔去认真验算。这种所谓的检查只是一种应付家长和教师的敷衍手段，或者说就是一种形式，并没有达到理想中查错纠误的目的。

（2）从根本上不理解检查的重要性

其实，大部分孩子从根本上是因为不明确检查目的是什么，有何重要性。他们以为自己把老师布置的任务完成就可以了，剩下的则是老师或家长的任务，并没有理解其真正的意义，只把检查看成学习的一种负担。这个时候，就需要家长和老师通过合理的方式引导孩子养成检查作业的好习惯。

（3）父母总是喜欢帮助孩子检查

在这一点上，家长永远处于一种纠结的矛盾中。一方面他们知道检查是孩子作业的一部分，但另一方面却不自觉地承担起了检查的任务。因为多数情况下，有的家长是陪着孩子做作业的，孩子在做的过程中一旦发生错误，家长就忍不住告知并让其订正，或者是有的孩子做作业比较慢，等他完成后时间可能已经很晚，家长不忍心再浪费时间，所以检查作业的工作就直接代劳了。久而久之，孩子就不会有自愿检查错误的意识了。

2.家长怎样帮助孩子养成检查作业的习惯

辅导孩子做作业是一门学问，需要家长不断摸索，反复实践。一般情况下，需要掌握以下几点。

（1）商定完成作业的时间

在孩子做作业前，家长要先大概了解孩子的作业内容与作业量，估算出大约需要的时间，然后与孩子商定必须完成作业的时间。

（2）培养孩子正确的检查作业习惯

孩子在做作业时经常会碰到一些难题，简单地把答案告诉孩子的做法是十分不可取的。首先，要求孩子自己读出问题，然后让他自己说出题目的意思来。然后，和孩子一起分析题目中的难点所在。再次，和孩子一起翻开课本，寻找课本中与该问题有关的段落或例题。然后，和孩子一起比较书本上的内容与问题之间的异同，讨论问题的意义。之后，根据需要，向孩子提出反问或提示。同时，引导孩子运用上述资料解答问题。最后，和孩子一起检查答案，如有错漏，给予指正。

（3）循序渐进地鼓励孩子

一味地让孩子自己想而不给予指导，也是不对的。家长要注意孩子在学习过程中的情绪变化，耐心倾听孩子的诉说，教会孩子自己检查作业的方法。例如，刚开始引导孩子检查作业时，可以把要求降低，只要求孩子检查几道题，孩子看到检查的任务不重，就会认真检查。当孩子检查出错误来时，为了激发孩子的耐性和自信心，家长一定要给予孩子及时的表扬或奖励，孩子尝到了检查出错误的甜头，就会愿意继续检查。

4

遇难题不怕，反正动嘴问一问就有答案

情景再现

　　蒙蒙是一个很乖巧的孩子，每天放学以后都在自己房间里做功课。妈妈只是在偶尔不忙的时候，才会坐在旁边陪她一起完成。说到学习，蒙蒙的其他功课都还好，只是数学学得有些吃力，做数学作业的时候，常会遇到难题做不出来，或是经常算错答案。对于这一点，她自己和妈妈都很苦恼。

　　今天晚上还是一样，妈妈准备休息前，发现蒙蒙的房间还亮着灯。于是，妈妈走过去，发现她还在写作业，就问："蒙蒙，这么晚了作业还没有写完吗？是什么作业呀？"蒙蒙转过头来，和妈妈说："还是数学作业，因为有两道题始终算不出来。"

　　于是，妈妈让蒙蒙把作业本拿过来，说："给妈妈看看题目，我可以帮你解决，然后咱们快点写完作业，你就可以早点睡觉了，好不好？"可是，蒙蒙始终不愿意，拒绝了妈妈，并说："不用，你去睡吧，还是我自己想想吧！"

　　妈妈看到她那么坚持的表情，只好起身回到自己的房间了。于是，

蒙蒙依旧自己认真地思考，继续坐在书桌前坚持把数学题做完。

　　第二天，蒙蒙放学回来，妈妈问她昨天的作业完成得怎么样，她说："最后因为一道题没有算对，没有得到满分，但是通过老师的讲解，我现在会做了。"

 孩子的心里话

　　其实，每次遇到难题的时候，我也很想让爸爸妈妈帮助我解决，可总觉得那样虽然很节省时间，却不是通过自己努力得到的结果，还是有些不甘心。所以，我还是自己想办法来解决吧，就算是最后做错了，没有得到满分也没关系，至少我知道自己错在哪里了，下次如果再遇到同样的问题我就会做了。

家长该怎么办

　　作为父母，往往会习惯性地为孩子提供过多过细的帮助。这样一来，在学习上孩子就会自然而然地养成依赖家长的习惯和惰性。慢慢地，孩子根本检查不出自己作业中的错，或者遇到困难就绕道而行，甚至直接让父母来代为解答。

　　因此，作为家长，督促孩子学习，关心孩子的成长也需要讲究方式方法，但绝不是一味地亲力亲为，处处"守"着孩子。

　　1.分清责任

　　家长心里一定要明白，写作业是孩子的责任，一个人只有自己独立解决，自己感受过程，自己面对自己的行为所带来的结果的时候，才能学会真正地负责任。因此，作业的事情完全要交给孩子去选择，去感受，让孩子去自己独立面对后果。

　　2.大胆地放手，让孩子自己面对困难

　　其实，每个孩子都有荣誉感，都争强好胜，只要家长充分信任孩子，大胆地放手让他管理自己，他就会比你想象的还要出色。当然，家长可以先对孩子进行一段时间严格的管教，让孩子制订学习计划，告诉孩子遇到困难时该怎样做，等等。然后，再让孩子自己学着应对，如果孩子在这个过程中还是没有很好地解决，千万不要严厉地批评，应该多给予理解和鼓励，要让孩子看到自己在一点点地得到进步。当孩子的能力提高时，信心也就增强了，自然而然地就养成了独立学习的好习惯，即使遇到困难，也会越挫越勇。

3.要始终信任孩子

在放手孩子学习和作业的过程中，家长可能面临的最大压力是：真的不管孩子做作业的话，如果出现错误，孩子可能会面临老师的批评等。这个压力也是很多家长不能承受的，于是一想到这些，就又开始放不了手了。所以，此时有一点特别重要，就是内心要始终都信任孩子会越来越好，这个信念和积极的心态要一直都有。

4.要有耐心，坚持宽严有度的原则

任何问题都不是立即能解决的，因此，家长在放手孩子写作业这件事情上，首先一定要有耐心，以免对结果急功近利，从而导致解决问题的失败。其次，在过程中也要坚持一定的原则，做到宽严有度。例如，有些孩子可以通过自己的思考，独立完成作业，家长就要及时放手，让他自己去解决。

当孩子自己着急，却始终找不到解决的方法，从而情绪急躁、缺乏耐心的时候，家长就需要安抚孩子，以"宽"为主，适时给予帮助和鼓励。当然，如果孩子是那种就连老师批评都无所谓的孩子，那么他可能是缺乏责任心，也有可能厌学，问题就比较严重。如果是这样，建议家长要以"严"为主，并且要找专业人士来系统解决这一问题；否则，孩子越大，问题越多，越难处理。

5

物质奖励，能否激励孩子的学习

小强已经读小学六年级，眼看就要升入初中了。小强的妈妈为了能够激励孩子快速地提高学习成绩，想出了按照成绩进步的幅度奖励不等现金的方式，以此来激励儿子刻苦学习。例如：每次考试的成绩、名次与之前作对比，如果有明显进步或是前进几名的话，就奖励50至200元不等的零花钱。

由于小强的语文成绩一直都不错，但英语成绩却还有待进步，因此，妈妈提出："如果你的英语成绩考试进步了，最高一次可得到奖励100元。"但是，慢慢地，小强妈妈就发现，这样的奖励方式也有些弊端，因为孩子不管考试的大小，哪怕仅仅是老师当天的一次课堂测验，他回家之后也会进行奖励的索取。为此，即便妈妈心里很无奈，但迫于自己在孩子面前要言而有信，也只能是照给不误了。其实，妈妈心里也很没底，时常怀疑，用这种方式激励孩子真的会有效吗？

 孩子的心里话

原本只是觉得每次大型考试后，我的成绩只要是比上一次进步一些，我就会得到零花钱了。可是，毕竟大型考试的情况并不多，而且最近刚好我看中了一款运动鞋，自己手里的钱又不够，所以我还是把每次小考的成绩也报告给妈妈吧。反正妈妈又没说一定是大考才能"奖励"，只要是考好的都可以兑现，那今天我就回去试试看。

❓ 家长该怎么办

1.物质奖励，不能成为激励孩子学习的主要方法

作为家长一定要明白，各种物质奖励虽然能够在一定程度上激发孩子的热情，但是外在的满足与学习本身是没有关系的。你可以试想一下，这样一来孩子在考试前惦记着的究竟是什么，他们会惦记名次，惦记取得名次后能够得到什么。这时他面对学习时，就会有很多杂念在里面，一个有杂念的孩子，怎么会把全部的心思放在学习上呢？如果他只是把学习当作达到某一个目的的手段，他怎么能够对知识怀有一颗虔诚之心并保持一种良好的学习态度呢？如果长期这样做，很容易形成责任交换，让孩子以为他是在帮家长学习，这样并不能激发孩子的内动力，还容易导致孩子的物质欲望越来越强。

2.激励孩子要以精神鼓励为主，物质奖励为辅

其实，要想真正激励孩子，还是应该从培养孩子的学习兴趣和良好的学习习惯开始。家长平时就应该引导孩子主动学习，并且多鼓励孩子，这样更能促进孩子主动学习。

作为家长，我们要正视孩子的学习过程及成果，将孩子的成绩进行纵向比较和横向比较。所谓的纵向比较，就是将孩子现在同过去不同时期所取得的成就相比较，客观加以分析，是进步、退步，还是原地不变。同时，根据分析得出结论，加以鼓励，提出相应的建议。所谓的横向比较，就是指将孩子与其同年级、同班级的其他孩子适当比较一下，此举不是为了给孩子施压，而是通过比较，吸取其他孩子和家庭教育中的经验和优点，寻找自身的不足和差距，然后加以指导和修正，使家长和孩子都有所收获。

比起只以考试成绩"论英雄"，家长更应做到随时把握孩子的学习状况，即使用内部激励法。孩子在学习过程中碰到问题时，应及时帮助他解决实际困难、扫清障碍，让他能对学习本身而非仅仅只是拿高分产生兴趣，这样才能让激励发挥持久、持续的作用。并且，这样能够让孩子觉得学习很快乐，自己能成为学习的主人，让孩子从中真正地受益。

3.科学地激发孩子的学习兴趣

（1）鼓励孩子的表现

用手势、言语来鼓励孩子的表现，例如拍手或赞美，但是一定要具体地让孩子知道他们好在哪里，例如说："你的字写得好漂亮！"等等。

（2）只在最初阶段使用物质奖励

在孩子学习的最初阶段，可以用小礼物或小糖果、饼干等具体的物质来奖励孩子，只要觉得他们表现得好就给一样，使其觉得得到实质的鼓励。但是，这种奖励可以慢慢减少，直到孩子不是因为物质而去参与，而是自发性地喜欢学习。

（3）用其他方式奖励孩子

如果觉得孩子表现得不错，就可以带他们去户外走走，或者玩玩游戏。例如，在活动中可以让孩子当小老师，带头与大家一起玩，可以增强孩子的荣誉感，他就会继续专注于这件事了。

（4）用荣誉感带动孩子

可以用带有可爱图案的章、贴纸等符号性的奖励，让孩子知道他表现得很好，甚至可以列一张一个星期的表，用以比较每天的表现情况。譬如用一张表来跟孩子说："你今天读了几篇故事，就有几张贴纸在上面哦！"但这也可以慢慢减少使用，让孩子逐渐忽略奖励，即便不能得到章或贴纸时也会主动去学习。

（5）用各种素材教具教学

对于大一点的孩子来说，素材与教具愈多的游戏及课程，愈能引起孩子的兴趣。但是小一点的孩子，却是愈单纯愈好，以免他们手忙脚乱。

（6）多多尝试，让孩子多元选择

孩子在小的时候还看不出来真正的兴趣，家长可以让他们多方面地尝试，一定要多给他们学习的机会，还可以培养其耐心及逻辑概念。所谓"多元智能"就是要多元地发掘孩子的潜能，不只是语言，不只是数理，也不只是艺术。尊重他们的选择，让他们尽情地发挥，孩子就会有多元无限的发展机会，只要对于有兴趣的东西，他们一定会发挥得更好，这对于日后的学习都会有很大的帮助。

沉迷虚拟世界，非现实依赖该如何管教

　　冬冬从小就是一个活泼好动的孩子，平日里也比较顽皮。特别是每当家庭聚会或是外出的时候，爸爸妈妈为了能够让好动的冬冬安静下来，就会将自己的手机、平板电脑等工具拿给他用。这个时候，冬冬就会变得很乖，坐在一边玩个不停。

　　今年，冬冬已经10岁了，最近他又给爸爸妈妈带来了新的烦恼。晚上冬冬放学回家后，扔下书包就打开平板电脑玩了起来，妈妈叫他吃饭，他也顾不上，不耐烦地说："你们先吃吧，不用等我。"叫了几次之后，见他没有回应，妈妈就生气了，这时他才肯放手。但是刚吃了几口，就说自己吃饱了，又跑回房间里接着玩。

　　爸爸走过去，问："冬冬，吃完饭了，你怎么还不写作业呢？"冬冬连眼睛都没抬，说："作业早在学校就写完了。"爸爸又问："作业在学校写完了？那你是上课时候写的吗？老师讲课的时候你不好好听讲，却忙着写作业，这怎么行呢？"

　　爸爸一连串的问题，让冬冬非但没有惭愧，反而变得极为不耐烦，立刻反驳道："本来那个课我又不喜欢听，写写作业怎么了？"爸爸看着他那种理直气壮的样子，心里真的非常生气，一把将他手里的iPad抢了过来，并严厉地说："以后都不许你再玩了！"

孩子的心里话

在学校已经上了一天的课，被老师管着就够烦了，好不容易放学了回到家，只想安静地玩会儿游戏，可是爸爸妈妈总是来打扰我，问这问那的，真心烦！看来以后，还是等他们都不在家的时候，或者晚上爸爸妈妈睡觉之后我再玩吧，不让他们看见就是了。

家长该怎么办

随着科技的快速进步以及网络时代的到来，包括智能手机、平板电脑等高科技产品的普遍应用，使孩子们从小便接触到很多新鲜的事物。它们可以变成孩子学习、生活过程中的有效工具，甚至是良师益友。但是，平时就喜欢这些电子产品的孩子，没人在家的时候就会守着它玩个不停，最终将导致孩子成绩一直下降，对外界活动不感兴趣，也不喜欢与外人交流。

1.孩子沉迷于虚拟世界的原因

家长首先要明确的是，之所以孩子会沉迷于网络游戏，其原因是多方面的。

孩子的天性就是对未知事物充满好奇心，而在接受新事物的方面又比成人还快。因此，在面对互联网、众多的高科技产品时，往往表现出了极高的认同度和参与热情，要比家长更想弄明白这些东西究竟是怎么回事、如何操作，等等。

与网络行为相伴而生的心理动机是多方面的，主要有：自我实现心理、宣泄心理、网上娱乐心理、寻求自我价值感、情感表达心理、探索尝试新生活心理，等等。比如，如果对于一个学习上略有困难的孩子来讲，他平时在学习过程中就体会不到学习成功的乐趣，而上网打游戏则不同，可以获得虚拟奖励，从而宣泄因学习不成功带来的压抑。同时，对于那些性格内向，人际关系适应不良的孩子而言，更是希望通过上网逃避现实，寻求自我价值的实现。

2.如何让孩子从虚拟世界中走出来

面对这个问题，作为家长，应该学会一分为二地看待问题，了解并理解孩子的心理特点及发展规律，做到以下几点，从而使问题迎刃而解。

（1）加强与孩子的沟通

作为孩子，天生就爱玩，因此学习之余可以适当给孩子一定的时间，让孩子自由安排。平时，家长不管多忙，还是要抽些时间花在孩子的学习、生活上，要观察孩子的思想波动，学会与孩子在情感上交流沟通，让自己更加了解孩子。

（2）让孩子更进一步了解和认识网络

在孩子探索新事物时，作为家长最需要给予的是帮助，而不是禁止和呵斥。尤其是对于一些年龄稍长的孩子而言，禁止和呵斥很容易产生逆反心理。所以作为家长，我们更应该先帮助孩子了解网络，与孩子一起上网，一起了解时事，等等。正确利用网络，让孩子明白网络不是单纯地玩游戏，鼓励孩子学习更多的网络知识，把网络真正变成孩子学习、生活及成长的有效工具和良师益友。

（3）重新帮孩子建构更多兴趣

一般孩子迷恋网络游戏，是因为游戏给他带来快乐。家长可以考虑如何用别的快乐代替孩子玩游戏得到的快乐，比如用阅读、音乐、艺术、运动，还有交往的快乐来代替，比如可以让孩子跟邻居的小伙伴一起玩、和爸爸妈妈交谈，等等。让孩子明白，其实除了游戏以外还有很多事情可以做，还能够得到多种快乐。

（4）与老师相互配合

通常，厌学的孩子一般是因为承受不了学习的压力，变得不想写作业。如果孩子是采用游戏来减轻学习压力的话，那么家长与老师应该一起配合，了解孩子是否有厌学情况，多倾听孩子心里的想法，并适当减轻孩子的压力。寻找恰当的时机，与孩子进行心与心的沟通，对症下药，从而让孩子清晰认识到沉迷网络的弊端。

（5）要树立规则

玩游戏可以，但要有时间概念，在规定的时间里父母甚至可以陪着一起玩，但是过了这个时间就不能玩了。要跟孩子谈判订立规则，约定玩的时间长短、惩罚措施等。

第二章　生活上依赖，
溺爱小心"儿皇帝"

不要包办，让孩子做力所能及的事情

青青从上学以来，在学校里一直是一个品学兼优的好学生。在班级里，不仅是各科学习成绩好，还担任班里的干部，常常协助老师分担事务。老师和同学经常会在私下夸奖她。

但是，让青青妈妈一直很苦恼的是，女儿似乎在家里就没有在学校表现得那么好了。例如上个星期天，妈妈因为要忙着做家务，又要准备家人的晚饭，实在有些忙乱，就想让青青过来帮帮忙。于是，妈妈把青青叫过来，说："青青，妈妈要做晚饭，可是你的袜子还没有洗完，你能不能自己洗洗呢？"青青想了想，说："可是我从来没洗过，我不会。"妈妈又说："那这样好了，这个妈妈来洗，你去把厨房的青菜洗一洗，可以吗？"青青说："那好吧。"然后就走进厨房洗了起来。

过了一段时间，当妈妈把所有衣物都洗完之后，来到厨房，发现青青还没有弄好，而且还在地上洒了很多的水。这时，妈妈就有些生气了，严厉地对青青说："我就让你做这一点活儿，你用了这么久都没做完，而且还把厨房弄得这么脏。算了算了，你放下吧，还是我自己来吧！"听到妈妈的责备，青青马上就不高兴了，委屈地说："哼，下次我再也不洗了！"

孩子的心里话

我从来没有洗过青菜，妈妈也没有教过我，我只是想把青菜洗得干净一些，原本以为帮助妈妈做事会得到夸奖，没想到最后，妈妈不但嫌我做得慢，又对我那么凶。下一次不管妈妈说什么，怎么要求，我都再也不帮妈妈做事了。

家长该怎么办

孩子的天性就是喜欢自己去尝试，去探索。当然，孩子做事情的时候，难免会出现这样或那样的问题，甚至还会出现越帮越忙的状况。这时候，家长一定要明白，任何事情都需要有一个过程和一定的时间，没有谁一开始就做得很好。父母一定要在其参与的过程中，保持一颗平常心和耐心，要教给孩子正确的方法，并鼓励孩子，帮助他们树立信心，而不要阻止或指责孩子。

1.在日常生活中，本着"抓大放小"的原则，培养孩子的自理能力

在现实生活中，有一些父母怕累着孩子，怕孩子做不好，自己重新再做太麻烦，因而不让孩子做一些力所能及的事。还有一些父母认为，吃饭、穿脱衣服等生活技能是不用训练的，因为小孩长大自然就会了。其实这些观念都是不正确的。从儿童发展的观点来看，久而久之，这样的孩子会丧失独立能力。所以，要本着"抓大放小"的原则，让孩子做一些力所能及的事情。比如在家里，父母可以通过具体、细致的示范，教给孩子一些生活技能，给孩子创造锻炼机会，培养其独立生活能力。同时，孩子完成一项任务后，做家长的还要给予适当的肯定和赞赏，当他们的劳动成果和能力被肯定时，也会感到无比地兴奋和快乐。

2.适应孩子发展的需要，培养其自我服务能力

在幼儿期对孩子进行自我服务能力的培养，正是为他们未来的劳动教育奠定心理基础和物质基础，也是为了适应未来社会的需要。有目的、有计划

地对他们的自我服务能力进行培养，不仅可以有效地促进孩子肌肉的发育和完善，促进他们动作的协调发展，而且手部肌肉活动越多，越丰富，就越能开发其大脑的潜能，促进其智力的发展。此外，孩子在"我自己做"的过程中，还能不断提高独立思考、独立做事或解决问题的能力，这非常有助于良好个性品质的形成。

3.激发孩子探索的兴趣，培养其独立思考的能力

由于家长过分地包办代替，长此以往，孩子就变得懒于动手动脑，不愿独立思考。所以，要培养孩子的独立性，首先要教育他们自己的事情自己做，遇到困难要想办法自己去解决，学会独立思考。不仅要孩子自己独立动手去做事，还要孩子独立地动脑筋去想问题。

4.注意创造机会，培养其自我抉择、解决问题的能力

有时候，很多父母经常会否定孩子的看法，认为孩子应该听大人的，从生活小事一直到孩子的发展方面都由父母一手包办了。这样就造成孩子缺乏自己做决定的机会和权利。因此，家长应该让孩子有自己的看法、自己的认识，应该注意去倾听孩子的需要，给孩子创造机会，让他自己拿主意。要培养孩子自己做选择和处理问题的能力，让他在尝试的过程中感受失败、碰钉子，这样孩子就会从失败中吸取教训而成长起来。而不是凡事都依赖父母，遇事打退堂鼓或把任务转给别人。要让孩子学会自我观察、自我体验，从而进行自我完善。

延迟满足，让孩子为获得而付出心力

明明六岁了，一直被家人呵护在掌心。周末，妈妈带着明明一起去商场买东西。正巧路过卖玩具的柜台前，明明看上了一个电动小汽车，

他立刻抱在怀里非要妈妈买给自己。于是，妈妈就很耐心地哄他："这个玩具咱们家里已经有好几个了，妈妈觉得没有买的必要。"然而，明明却怎么也不肯走，他很坚持地说："家里那些早就旧了，而且也没有这个颜色，我就是想要这个！"

这时，妈妈只能安抚他说："今天妈妈没带够钱，明天再来买好吗？"明明依旧是不依不饶地非要买，妈妈本想把他拉走，但明明却使劲朝反方向用力，倔脾气上来了，最后干脆就哇哇大哭起来。此时，妈妈虽然心中满是恼怒，但架不住孩子折腾，实在没有办法，只能急忙把售货员叫过来，买下了这个电动车。

孩子的心里话

我知道妈妈很爱我，我一不高兴了，她什么要求都会满足我的。比如上次我要吃汉堡，妈妈马上就带我去了，之前要是我看上什么玩具了，妈妈也会马上买给我……而且，我还发现，如果妈妈反对，只要我一哭，妈妈就会妥协了，我想要的也就马上给我了。

家长该怎么办

1.即时满足带来的弊端

孩子生来就是一张白纸，他们所具备的各种情绪、情感和能力，都是在后天与人和环境的互动中学习来的。随着生活水平的不断提高，许多父母总是处在给孩子"即时满足"的状态，总认为现在生活优越，孩子有需要就一定要满足他。其实，这种方式对孩子是无益的，有时甚至是有害的，其造成的不良后果也是可以预见的。

（1）使孩子性格变得越发急躁

从孩子很小的时候开始，一想要什么，父母就马上给予，经常处在这种状态下的孩子，一旦父母的动作稍慢一点，就会又哭又闹，变得极其急躁、任性，并且缺乏耐心。有时候，还会为了达到目的，而频繁使用自己的"小聪明"，变本加厉地对付自己的父母。

（2）让孩子不懂得爱惜，无法感受到幸福

试想一下，如果每当孩子想要一块巧克力糖，妈妈马上买给他；想吃什么，爸爸就马上带他去；想要一个玩具，妈妈马上送给他……假如所有的东西，都能这么轻而易举地得到，孩子还会爱惜物品吗？随时随地，无论大小愿望都能得到及时满足，这样做的结果，往往会让孩子变得喜新厌旧，同时也会使孩子丧失了对幸福的感受，更不会珍惜自己得到的一切，反而会觉得这都是应该的。

（3）使孩子不懂得尊重别人

孩子的要求被迅速而无条件地满足，长此以往，在家长的百依百顺中，孩子会无法感受别人的辛苦和付出，也不会克制自己的欲望。只会让孩子唯我独尊，觉得任何人都必须服从他，对任何人都不屑一顾，更谈不上尊重他人。

2.如何对孩子使用"延时满足"的方法

在日常生活中，对孩子提出的各种要求，不要一味地满足、马上满足，而是要延迟一段时间或是让孩子完成了某项任务后才满足。同时，针对不同年龄段的孩子，方式方法也有不同，技巧就在于从生活中一点一滴的小事做起，让他学会等待，从而让他懂得珍惜，学会通过自己的努力，得到自己想要的东西。这样，才能让孩子的能力得到有益的发展，长大后，这种品质也会在他的生活中发挥重要作用。

（1）分年龄段进行，等待时间由短而长

每个年龄段的孩子所处的生理和心理发育是不同的，家长不能总采取一样的方式和延迟的时间来培养孩子。例如，一岁以内的宝宝以即时满足为主，当不能及时满足时，延迟的时间也不宜过长，并且在延迟期间，对宝宝的需求要有回应；一岁之后，孩子已经慢慢能理解大人的话语，这时的延迟满足可以从几分钟逐步增加到几个小时，甚至几天；三岁之后还可延长至一周。这种逐步增加时间的方式，既满足了孩子身心发展的规律，也让孩子随着等待时间的增长，在循序渐进中增强了耐性。

（2）分需求内容进行训练

孩子在成长过程中有不同的需要：食物、衣物、学习和游戏等，家长可根据不同的需求，制定不同的"延迟满足"策略。

对于与生活相关的需要，家长可以采取事先约定的方式。这些约定既可以是时间上的限制，也可以是一个具体目标的要求。和孩子们的约定也是灵活多变的，如果能赋予这些约定更多的意义，让孩子从中学到新的东西，那么这样的"延迟满足"则会为孩子的成长带来双倍的收益。例如孩子想买新衣服，家长可以让孩子和家长一起先把旧的、不能穿的衣服整理出来，把这些衣服送给其他有需要的小朋友穿（贫困地区和福利院的小朋友），这样既让孩子有了一个等待购买新衣的时间，也让孩子学会力所能及地去帮助别人，懂得珍惜，更以此激发孩子的爱心、节俭之心，培养孩子良好的思想品质。

对于与学习相关的需要来说，大多数家长总是希望孩子们学什么就立刻会什么，一旦孩子在学习过程中出现困难，家长就容易插嘴或者插手干涉。这种行为无疑会让孩子失去学习的探索精神，而需求的即时满足也会使孩子的依赖性增强，降低解决困难的能力，让孩子在今后遇到困难时退缩。正确的做法是先看看孩子遇到了什么样的困难，给予适当的提示和引导，家长观察和指导的过程也是孩子延迟满足、自己渴求帮助的过程。

对于与游戏相关的需要来说，在游戏、玩耍的过程中，孩子同样会产生各种各样的需求，比如玩耍的时间、玩具的分享、游戏的方式，等等。这时不能孩子想玩什么就玩什么、想怎么玩就怎么玩，因为有些游戏可能会有潜在的危险性。玩耍的时间也要有限制，让孩子懂得凡事都要有节制，同时也能养成良好的生活习惯。玩具的分享这个环节也体现着"延迟满足"，要让孩子学会把自己的玩具给其他小朋友，或者耐心地等待别的小朋友玩过后再拿来玩。玩耍、游戏中的种种规则，都能让孩子学会等待、学会克制，而不是从小就随心所欲。

（3）父母必须言而有信，态度明确

"延迟满足"必须有一个理由、一个承诺，比如"等吃完饭之后……""等爸爸回来再……"等等。这就要求家长言而有信，承诺了必须做到，否则会让孩子觉得"爸爸妈妈不讲信用，下次再也不受骗了"，所谓的"延迟满足"也就进行不下去了。同时，家长要求孩子等待时的语气必须坚决，让孩子感觉到没有商量的余地，无论其怎样哭闹也没有用。

干点家务，家庭每个人都尽自己之力

 情景再现

星期日的早上，只有爸爸和莉莉两个人在家。起床以后，爸爸说："莉莉，今天妈妈不在家，你和爸爸一起来做早餐，好不好？"莉莉立刻兴奋地说："好，没问题！"让爸爸最吃惊的是，不到八岁的莉莉，首先从冰箱里拿出牛奶，然后慢慢地倒在杯子里，之后居然能够想到办法，自己搬来一张凳子，站在厨房微波炉旁边将其放入并加热。同时，在等待牛奶加热的时间里，她还从冰箱里拿出果酱涂抹在面包上。

这时，爸爸实在忍不住好奇，问："这些事情都是谁告诉你的，你是怎么想到的呀？"莉莉马上露出神秘而开心的笑容，说："这是秘密，我不告诉你！"说完，就让爸爸赶紧坐下来，和她一起享用自己亲手制作的美味早餐，这让爸爸欢喜不已。

 孩子的心里话

以前每天妈妈做早餐时，我就在旁边偷偷地看妈妈是怎么做的，并且一直希望有一天我也能自己试试看。没想到今天妈妈不在家，居然就派上用场了，原来大人能做的事情我也可以做的，而且爸爸还称赞我真能干呢!

❓ 家长该怎么办

如今的家庭里面，独生子女的情况比较普遍，这些孩子在家里大多数比较得宠，大人多数情况下不会让孩子参与到家务中来。其实，这样对于孩子的成长是不利的。身为父母，应该要有意识地采用适当的方法让孩子养成做家务的习惯，从而达到促进孩子成长、培养孩子独立性的目的。

1.让孩子学做家务的好处

（1）可以培养孩子对生活的认识

孩子做家务的过程，其实就是体验生活、感受生活的过程。如果家长只给孩子讲些道理，不让孩子独自去体验生活，又怎么能培养孩子热爱生活的情感呢?

（2）可以培养孩子的自信心

事实上，孩子一岁后，就会表现出一种独立的意向，比如走路会推开家长的手，有"我自己来"的要求。这种可贵的自发独立意识如果得到健康发展，长大后孩子就能独立思考，办事果断。孩子自信心的培养，在短时间内很难达到立竿见影的效果，它需要在长期的实践过程中慢慢地形成。

（3）促进身体健康、增强体质

劳动，可以培养孩子的动手习惯和吃苦耐劳的精神，在营养良好的情况下，劳动能促进大肌肉、小肌肉的发育。劳动在培养完美体魄上所起的作用，同运动一样重要。许多劳动能显示体力与技能技巧多种多样的结合，可以培养孩子的动手能力和实践能力。

（4）促进良好个性品质的形成

作为孩子，将来想要在社会上很好地立足，就需要从小学会做家务，让他体验到家长的辛苦，生活的艰辛，逐渐承担自己在家里、社会的一些责任。对孩子进行早期劳动教育，能培养孩子珍惜劳动成果，让孩子体会劳动创造世界的真实含义，从而促进孩子良好个性、道德品质的发展。

（5）促进手脑并用，智力发育

据心理学研究发现，人在进行体力劳动和体育锻炼时，脑子里氧气最充分。因此，适当劳动不仅可以使孩子的脑细胞得到更多的刺激，加快脑细胞发育成长，更有利于开发脑细胞的潜能，对提高学习效率有一定的帮助。

2.如何培养孩子积极做家务的意识

好的习惯是慢慢养成的，需要有一个好的环境，也需要父母的培养。所以父母在培养孩子做家务时，想要让孩子轻松、持久地养成这个好习惯，以下几点必须注意。

（1）让孩子合理规划和分配自己的空间

父母先把孩子需要规划的空间划分好，让孩子知道平时乱丢乱放的物品都有自己应该放置的地方，可利用家中现成的大盒子收纳玩具、图书等，让孩子从小养成整理自己物品的习惯，养成爱做家务的习惯。

（2）父母是给孩子树立榜样的最好标准

孩子小的时候喜欢模仿父母的动作和说话的方式，所以父母平时的说话做事要妥帖，父母在做家务的时候，可以让孩子先跟着做，再鼓励他自己做。而父母千万不要当着孩子的面抱怨做家务的烦琐和无聊，这会给孩子传达一个信息——做家务是一件非常可怕的事。父母应尽量让孩子认识到，当父母的小帮手，帮助大人尽快做完这些事，就可以留出更多的时间陪他们一起玩。

（3）把握时机，尽量陪孩子一起做

对于有兴趣的事情，孩子做起来更得心应手，把握时机训练孩子做简单的家务，父母需要耐心。比如孩子很喜欢书籍，可以让他收拾书房，也可以让孩子把书籍都分类好，这比要求他去扫地来得有效多了。此外，父母可陪孩子一面工作一面聊天，甚至交换彼此的心得，以增加家务情趣。

（4）给孩子提供选择的权利

不要采用强迫的方式，要给孩子留一个缓和的过程或一点余地。比如给你的孩子提供一份所有他能够做的家务的清单，让他自己选择其中的一两项工作，这会让孩子感到自己拥有选择和控制的权利，从而心甘情愿去做自己选择的工作。

（5）多赞美少批评，做了要鼓励

对孩子来说，积极地参与比起结果来更为重要。如果孩子洗的袜子不够干净，擦的桌子不够亮，不要去批评他的工作，批评不仅不能让孩子的能力和兴趣增加，反而会挫败孩子的自尊，更会降低他与人合作的意愿。要经常鼓励孩子做事情，付出了努力就要鼓励一下。这样不仅能激发孩子学习的兴趣，养成他喜欢帮忙、愿意收拾的习惯，还能让孩子获得成就感，认可自己，下次做起来会更得心应手。

10

过失承担，孩子犯错家长别去"埋单"

情景再现

丛丛是一个很聪明、很可爱的小女孩，但她有一个缺点，就是常常爱丢三落四。开学一个多月的时间内，她已经很多次把学习用品忘在家里，或是把作业本、课本等忘在学校。因此，妈妈经常被老师呼来唤去，替女儿送东西也成了常态。

今天早上，妈妈刚到公司就又接到丛丛的电话："妈妈，我的语文作业本忘在家里了，你帮我送过来好吗？"妈妈本来刚要回答可以，可忽然想到今天上午有一个很重要的会议，于是说："这次不行，妈妈很忙走不开。"丛丛马上委屈地说道："没有作业本，我要被老师罚的！"

"那也没办法，妈妈今天是真有事，去不了，而且我都和你说过好多遍了，让你每天出门前仔细检查书包，不要忘了东西，可你怎么就不长记性呢……"妈妈话还没说完，丛丛那边已经生气地挂断了电话。

结果那天丛丛真的被惩罚了。晚上回家后，直到睡觉前，丛丛都一直黑着脸没有和妈妈说话。

 孩子的心里话

每天写完作业后，都是妈妈给我收拾书包，就算忘记带东西，第二天只要是我打电话，她也会给我送到学校来的。今天不就是和之前一样嘛，妈妈不但不给我送作业本，还在电话里冲我发火，害得我被老师批评，真没面子。哼，我再也不理妈妈了！

家长该怎么办

我们经常会看到孩子一出错或者一惹祸，家长总会第一时间帮助出面解决，为其收拾烂摊子。很多家长忽视了对孩子责任心的培养，当孩子遇到一些事情的时候，总怕孩子累、辛苦，怕孩子做不好，疑虑种种。家长这样做的结果，反而使孩子失去了培养责任心的机会，错误地认识事物，由此本应是孩子自己的事，反倒成了父母的责任。

每个人对自己、对家庭、对社会都有着一份不可推卸的责任。而责任心是孩子做人、成人的基础，也是做事情的标准之一。每个人都会犯错误，犯错误本身是正常的，更别说是小孩子。在成长的道路上，家长要允许孩子犯错误，但有一条原则是必须要坚持的——孩子必须要为自己的行为负责，为自己所犯的错误承担责任，而不是由父母来"埋单"。

1.听听孩子的想法

当孩子犯错误的时候，家长要相信自己的孩子，耐心问明原因，然后因材施教。当然也要看具体犯的是什么样的错误，如果是由于父母的疏忽没有提醒孩子，以至于孩子不小心犯错，那就是家长的责任，后果就应该由父母承担，不应该过多责怪孩子。除此之外，孩子自己造成的错误就尽量让孩子承担，这样孩子才知道责任感的重要。当孩子讲明原因后，家长就要根据情况分析，告诉孩子以后应该怎么做，或者做一些改变，避免孩子以后出现这种行为。

2.培养孩子的责任感，学会自我服务

培养孩子的责任感，让孩子从对自己主动承担责任开始，自己的事情自己做。父母可以教给孩子做事情的方法，但不要事事代劳。比如承担一定的家庭劳动，打扫卫生、负责给花浇水等，也可以鼓励孩子对家里的一些日常生活提出自己的建议，这样还能培养对家庭的责任感。

3.让孩子对自己的错误负责

让孩子对自己的错误负责，能帮助孩子快速成长。父母看到孩子犯错误，不要急于训斥，也不要替孩子解决。最好的办法是让孩子自己想一想补救措施，父母可以帮助孩子分析，必要的时候可以提供一些帮助。

4.教育孩子要就事论事

家长在教育孩子时，不可上纲上线，要就事论事，不要让孩子产生一种犯了错误就是坏孩子的想法。如果批评的方法不当，不但不能起到应有的教育效果，反而会损伤孩子的自尊心和自信心，形成其自暴自弃或叛逆的性格。我们一定要记住，虽然孩子的错误行为应当受到惩罚，但孩子的人格，在任何时候都不应受到攻击。为此，家长需要以正面的心态面对孩子的错误，从而耐心地对孩子进行教育，引导孩子改错，才更利于孩子的成长。

5.公共场合给孩子留面子

若孩子犯了错，父母千万不要在公共场合当众羞辱或打骂自己的孩子，这不仅会给孩子造成心灵上的伤害，还会让孩子性格扭曲。这样，当孩子面对他人羞辱的时候，也就失去了反抗的信心和能力。此外，父母这样的做法，还会给孩子树立不好的榜样。

11

按劳分配，零花钱别伸手一要就给足

鹏鹏今年九岁了，自从懂事开始，几乎每天都吵着要钱买东西，比如有时候是玩具，有时候又是学习用品，等等。当然，每到这个时候，爸爸妈妈多数都会尽量满足他的要求，把零花钱给他。

今天晚饭过后，爸爸妈妈在看电视，鹏鹏过来，说："妈妈，你能给我50元钱吗？"妈妈说："我不是前两天才给过你吗，你怎么又要呢？"

鹏鹏立即说："你前天给我的是零花钱，可是这次是我班级里最好的朋友明天过生日，他邀请我们去他家里玩，那我总不能空着手去吧，总得买个礼物表示一下啊。"

妈妈听了，马上就问："那你打算买什么礼物呀，怎么需要这么多钱吗？"鹏鹏很不高兴地说："这个你就不要管了，买什么是我的事，你给我钱就行了！"

虽然很无奈，但妈妈也不好拒绝，只能从钱包里拿出钱来给他了。拿到钱的鹏鹏，马上开心地跑回自己的房间去了。

 孩子的心里话

最讨厌每次一问爸爸妈妈要钱，他们总是爱问来问去的了。尤其是同学过生日时，我总要带礼物去呀，而且如果礼物买得太便宜，一定会被大家笑话，说我小气的，我可不希望被大家取笑。再说，爸爸妈妈工资高，又不差这点钱。

家长该怎么办

合理地安排孩子的零花钱，不仅能够有助于培养孩子养成艰苦朴素、勤俭节约的好品德，还可以帮助孩子提高支配生活的能力。反之，如果安排不妥，方法不当，则会产生不少的麻烦和问题。

1.给孩子零花钱的方式要合理

家长在给孩子零花钱时，首先要掌握定时定量的原则，不能孩子要多少就给多少，也不能什么时候需要就找父母拿，这样会让孩子养成乱花钱的坏习惯。例如可以和孩子有个约定，定期支付。因为孩子年龄越小，计划与控制的能力越差，所以一般建议10岁前的孩子一周给一次，10岁以后的孩子随着年龄的增长，对零花钱的需求数量也会相应地增加，可以酌情半个月、一个月给一次，直至延长到一学期给一次。

此外，也可以在特殊节日比如说孩子过生日的时候适当增加零花钱，并与孩子事先商量好，这些钱该怎么花。

2.培养孩子正确的金钱观

作为父母，必须要培养孩子正确的用钱观念，要告诉孩子，不管家里有没有钱，家里的钱都是大人们付出劳动得到的工资报酬。不要让他有一种错觉：反正家里有的是钱，多花一点对整个家庭经济也不会有太大影响。为此，家长一定要让孩子明白，零用钱不是他自己的钱，更不是父母欠他的，这些只有靠劳动与努力才能获得。

3.引导孩子合理使用零花钱

（1）形成合理的消费观念

在花钱买东西的过程中，父母要教会孩子审慎决策，形成合理的消费观念，培养基本的消费能力。比如说，有了钱，并不是想买什么就买什么，让孩子知道该花的钱要花，不该花的钱要省。让孩子领悟到，在满足部分愿望的同时，必须学会克制、节俭，懂得理性地取舍，才能够把更多的钱用在更有意义的事情上。

（2）学会理财

孩子上小学以后，就可以利用零用钱进行相关的理财教育了。比如给孩子开设一个银行账户，让孩子熟悉金融机构办理手续的一般程序，知道账户里的钱属于自己所有。让孩子学会计划开支，比如可以让孩子拟一个本周开支的清单计划，为自己的各项开支作一个大致的预算。让孩子学会记录自己的开支项目，并针对各项开支加以核算，看是否有不理性的消费，收支是否平衡。还可以让孩子体验一下积攒与借贷的意义，比如可以鼓励孩子有储蓄的想法，因为这是孩子学会有计划花钱的开始。

（3）懂得爱与给予

总是在算计着金钱，难免会产生功利心，要让孩子知道钱的意义不只是钱。比如，在平时的捐赠活动中，父母最好是让孩子用自己的钱，在培养了孩子爱心的同时，也让孩子学会面临权衡与选择。如果是节日或生日，可以让孩子用零用钱为家人买一些小礼物，用钱来传递爱与表达爱。这样，孩子才能懂得钱除了可以满足人的欲望，还有更多更高的价值与意义。

4.家长要以身作则，为孩子做榜样

作为父母，首先要以身作则，为孩子树立一个好榜样，使孩子从小养成勤俭节约的传统美德，以及不乱花钱的习惯。例如：家长在安排家庭开支计划时，要有意识地为孩子做出表率，不能大手大脚，要合理安排和使用，科学地支配生活，这样做便于孩子安排自己的小计划。身教重于言教，这一点是很重要的。

5.不要把家务与零用钱简单挂钩

做家务是每个家庭成员应尽的责任与义务，孩子分内的劳动如收拾玩具、保持自己房间的整洁等，必须自己去完成，不该计取报酬。此外，还要让孩子知道零用钱的有无、多少与父母对孩子的爱无关，不要给孩子产生不好的暗示，比如"因为你最近表现很不好，我不喜欢你这样，再这样做就别指望我下周会给你发零用钱了"，等等。不要让孩子把钱与爱两者的关系加以混淆。

同样，零用钱也不能用在奖励孩子考试成绩上，用金钱来作为一种物质刺激，有碍于培养孩子端正的学习态度。

12

让孩子吃苦，苦难对孩子是一笔财富

情景再现

早上起来，看着窗外下着雨，天气很阴冷的样子，涵涵就和爸爸商量说："爸爸，我今天不想去幼儿园了。"爸爸问："为什么？"涵涵回答说："你看外面雨下得好大，我不想出门，今天就在家好不好？"

爸爸并没有迁就涵涵，而是要求她赶快去洗漱，然后收拾好自己要带的东西，准备出门。涵涵虽然觉得很委屈，但看着爸爸态度那么坚决，只好乖乖地背上书包和爸爸一起出门了。

虽然外面的雨下得很大，但是爸爸还是一路牵着涵涵的小手，坚持送她到幼儿园，并且一直鼓励她说："涵涵你看，再有十几米过了这个路口，我们就要到了，加油！"

最后，在爸爸的鼓励下，涵涵非但没有迟到，而且还是最早到达班级里的小朋友，还得到了老师的表扬呢！

孩子的心里话

天气这么不好，我真的很不想去幼儿园了，可是无论我怎么说爸爸都不同意，就只能和他一起出门了。其实，穿着雨靴和爸爸一起在雨里撑着伞，一起跳过小水坑，感觉还挺好玩的，而且今天我又是第一个到达班级的小朋友，我觉得自己真的很棒！

家长该怎么办

很多家长一看到孩子吃点苦就心疼，恨不得凡事都为孩子亲力亲为，把他们捧在手心。也许你觉得这是爱孩子的一种表现，但你往往忽略了一件重要的事情，那就是所谓的困难、失败、挫折等，它们是客观存在的，尤其对于成长中的孩子来说，它们是必不可少的一笔难得的财富。正所谓，自古英雄多磨难，苦难才能造就天才。

现在的孩子大多是独生子女，生活在优厚的物质环境和家长的保护圈中，几乎没有什么吃苦的机会。作为父母，大多又宁愿自己去经受磨难，也要为孩子铺平道路。这就导致孩子心理承受能力极为有限，可能未来的一次小小的挫折，就会使他们不知所措、退缩，甚至丧失热情和信心。

我们必须要知道，吃苦耐劳的品质和天赋没有太多的联系，好吃懒做的坏习惯都是后天养成的。因此，培养孩子吃苦耐劳的品质实际上需要从小就开始。父母在这方面常犯的错误有两个：一是不给孩子锻炼的机会，事无巨细，恨不能让他"饭来张口，衣来伸手"；二是一旦孩子吃了一点儿苦，孩子自己还没什么感觉时，父母已经感到受不了了。

因此，作为家长，应抓住时机，有目的、有计划地让孩子多吃些"苦"，并帮助孩子学会克服困难，正确面对困难和挫折。

1.多给孩子提供吃"苦"的机会

作为家长要改变原来的教养态度，让孩子走出大人的"保护圈"，尤其要意识到对孩子进行意志锻炼、吃苦耐劳教育的重要性，并有目的地设计各种方法来增强孩子的吃苦精神和抗挫折能力。

（1）全面培养自立能力

在家庭生活中，要安排孩子做一些力所能及的事，切不可把孩子成长过程中的困难都解决掉，把他们前进的障碍清除得干干净净。要让孩子自己独立完成自己的生活起居，例如打扫自己的房间，清理自己的物品等。学习上，让孩子自己独立思考，独立完成。孩子的心理也要独立，首先，家长不能代替孩子去考虑问题，要让孩子自己去思考，尊重孩子的意见，这样孩子能独立思考问题，能有主见，就为孩子以后的成功打下了基础。在教育观念上，从小家长就要灌输"自己的事情自己完成"的思想，例如出外自己背包裹，再重也要自己背，等等。

（2）设置生活挫折和障碍

在生活中，可以设置一些挫折，让孩子去面对。要孩子完成适当的家务，如打扫卫生、洗碗、清理房间等，可以用物质和精神奖励调动其积极性。也可以要孩子参加社会实践，如去农村生活体验、野外夏令营等形式的活动。不仅是在家里，还可以到外面，让孩子全面地锻炼自己，接触社会，培养吃苦精神。

（3）家长与孩子一起吃苦

由于现在的家长很忙，与孩子的沟通少，父母与孩子的代沟越来越大。要去弥补这个缺陷，那只有靠家长多与孩子在一起。所以家长可以与孩子一起吃苦，如一起打球、一起晨跑、一起做家务等，这样不仅能够增加与孩子沟通的机会，同时也让孩子得到了锻炼。

2.让孩子学会自己解决问题

在日常生活中，要多培养孩子自己动手解决问题的能力，有些力所能及的事情，甚至发挥潜力能做到的事情，家长就不要代劳，在确保安全的情况下，放手让孩子去做。同时，即使有些事情做不好，家长也要多肯定、多鼓励孩子，客观地为孩子分析失败的原因，为孩子提出继续努力的方向。只有这样，孩子在遇到困难之时，才会慢慢养成不怕吃苦和不怕失败的精神，从而学会承受和应对各种困难挫折，保持一种积极向上的生活态度。

3.以身作则，树立榜样

能吃苦是来自日常生活中一点一滴的积累，更是来自一件件没有妥协退让的小事情。要使孩子的吃苦劲头成为一种稳定的道德品质，父母还需要坚持不懈的努力。常言道，家庭是孩子的第一所学校，父母是孩子的第一任老师，父母的一言一行对孩子有着潜移默化的影响。而父母对物对事对人的态度、情感和行为会成为孩子们学习的榜样。因此，家长在培养孩子的过程中，要以身作则，树立榜样，父母不论遇到什么困难、挫折，要让孩子看到自己没有逃避和退缩，勇于面对，用信心和勇气感染他们，这对孩子正确对待失败和挫折有很好的示范作用，这样才能达到我们预期的目的。

别太勤快，家长不妨让自己"懒"一点

情景再现

　　星期天，妈妈带着甜甜一起去公园玩。因为天气非常好，公园的广场上有很多小朋友在父母的带领下，尽情玩耍。就在孩子们玩得正高兴时，甜甜妈妈忽然发现不远处的一位妈妈正在椅子上看书，而她的孩子却抓了一把泥土正往嘴里塞。

　　于是，甜甜妈妈非常着急，走上前去，提醒这位妈妈，说："你家的宝宝要吃土了！"可是，那位母亲非但没有立刻起身，反而很平静地说："没关系，等他尝过之后就知道泥土不好吃，自然也就不吃了。"甜甜妈妈当即就愕然了，心想：如果换成是甜甜在吃土，此刻我早就跑过去阻止孩子了，为什么这位妈妈却如此淡定呢？

 孩子的心里话

　　我对很多事物都充满了好奇，平日看到什么，想都不想就会往嘴里放，这时的我就对地面的泥土产生了好奇，而且妈妈也没有看见我在做什么，于是就偷偷地放在嘴里试试看吧。可是刚刚放在嘴里我就后悔了，好难吃，下次我再也不吃土了!

❓ 家长该怎么办

很多父母的手越伸越长，时时刻刻监控孩子的一举一动，随时准备俯身为孩子扫清障碍、处理问题，生怕他们行差踏错，多走弯路。殊不知，他们可以为孩子做事，但却不能替孩子成长。他们越想为孩子创造一片美好的未来，孩子就越无法达到他们要求的完美。但，这不是孩子的问题，作为家长，你要明白，教育孩子是从改变自己开始的!

1.父母不要剥夺孩子发现的机会

父母要学会放手让孩子长大，孩子的问题让他们自己去解决。就如同本文开始的案例一样，家长告诉孩子沙子不能吃，抑或是孩子自己放到嘴里发现难以下咽，结论是一致的，但获得这个结论的方式却不一样。前者，孩子获取的是父母判断之后提供的间接经验，后者，却是孩子亲身体验之后的直接经验。

准确地讲，让孩子自己去体验，他们反而能从中体会到更多，而对他们的影响也才会更深远。因为，孩子成长的过程原本就是一个社会化的过程，这个过程显著的特点之一就是实践性。孩子只有通过亲身实践，了解到事物的变化，才能明白许多道理。

2.家长更应该是个旁观者

大部分孩子都会有依赖性强、动手能力差的时候，作为家长，你要知道，生活中诸如此类的情况会常有，如果你过多地包办，过多地限制，过多地干预，就会让孩子也慢慢习惯了接受，习惯了求助，这样就会阻碍孩子该有的成长。为此，要让孩子真正展示该有的自主和活力，家长首先要做的就是让孩子自己的事情自己做，尝试做个旁观者而非主宰者。试着相信孩子是很棒的，开始让孩子去实现自我，学会更多的生活本领，并逐步解放父母的"服务"角色。父母要学会放手，让孩子发展自己的兴趣和能量，这样孩子才能活得更快乐、更独立。

3.要让孩子从做简单的事开始得到成功的喜悦

（1）自立从生活自理开始

生活自理是培养孩子自立能力的开始。幼儿园的孩子自己会穿衣服了，家长就一定不要去帮孩子穿衣服；小学生自己整理书包了，那么，这件事情家长就不再去管。就让孩子去做，绝不提供没必要的帮忙和代劳。

（2）让孩子承担相应的任务

鼓励孩子尝试适合他们年龄的事情。比如三四岁的时候，让孩子学着穿袜子、穿衣服、洗手帕等；到了十岁的时候，让孩子学着收拾房间、洗衣服、做一些简单的饭菜等。如果我们不去要求孩子做，而是一直帮孩子做，那么孩子可能永远都不会做。另一方面要鼓励孩子多做尝试，孩子想做的事情，不要随便禁止。比如孩子对电路感兴趣，那么在确保孩子懂得安全用电的常识后，我们可以鼓励孩子进行各种用电尝试。当孩子获得某种能力后，我们就让孩子承担相应的任务。

（3）培养孩子的精神自立

生活上的自立是远远不够的，我们还应培养孩子精神上的自立。凡是孩子自己的事情，比如着装、发型，对自己房间的布置，对学习上的安排等，都要让孩子自己的事情自己做主，能够独自面对和处理，并且有自己的精神空间和生活空间。

4.激发孩子的责任心和自信心

家长要明确培养孩子的目的，是让孩子学会自己做事情，通过孩子自己动手，培养孩子的独立性、责任心和自信心等，这些都是孩子身心健康发展的基础。孩子有时候是因为缺乏责任心，习惯了有父母替自己操心，自己什么事都不放在心上，自然也就粗心了。所以，家长在孩子表现出样样都要"自己来"的独立行动的愿望时，就要给予正确的引导，千万不要因为孩子小而一味地宠爱、包办代替，而应该把孩子视为一个完整的人来看待，要尊重他的愿望和独立性。

14

别饭来张口衣来伸手，让孩子照顾自己

　　星期一早上，孩子们在欢快的音乐声中进入幼儿园了，大家走进教室，坐在小椅子上。可是依依小朋友却站在原地一动不动，也不坐下。老师看到后，马上走过来，说："依依小朋友，你怎么了？请坐下。"她依然还是站着不动，于是，老师又说了一遍，但她还是不动。这下老师就有些急了，又问了一遍："依依，你为什么不坐下？""她没有小椅子。"身旁的小朋友赶忙代替她回答。

　　其实，老师早就发现了这个问题，但是之所以重复地问依依几次，就是希望她能够自己说明问题，并找到凳子坐下，可她始终不肯回答老师的问题，一直就是站着不动。最后，没办法，老师只好帮她搬来小椅子，让她坐下了。

 孩子的心里话

　　平时在家里都是妈妈帮我打理好一切事情的，每天早上我的衣服都是妈妈给我穿，牙膏也是妈妈给我挤好以后放在杯子上，任何时候，只要我有需要，妈妈都会第一时间主动来帮我，不需要我自己动手。今天，我发现我的小椅子不见了，我又不好意思让老师帮我搬，这个时候要是妈妈在就好了！

家长该怎么办

　　1.过度照料孩子的生活只会阻碍孩子

孩子在家里，衣食住行睡几乎都有父母细心照顾。在父母的照料下生活，孩子能独立支配的活动和事情很少，独立生活的能力、独立学习的能力和独立处理问题的能力都较差。因此，作为父母，你首先要了解的是：

（1）过度呵护，是孩子自我服务的绊脚石

现在家庭的孩子绝大多数是独生子女，父母对孩子总是百般呵护，使孩子过着衣来伸手饭来张口的生活，家长们总怕辛苦了自己的孩子。所以，孩子的一切都由大人包揽，又或者是担心孩子做不好给自己添麻烦，这对孩子自理能力的形成是极为不利的。

（2）过分保护，是孩子形成自理能力的拦路虎

在家长眼中，似乎对孩子最好的教育就是保护、灌输与训教，尤其是冷暖饥饱、人身安全等方面的过度保护。不可否认，安全第一，但其实，孩子们需要一定的时间和空间才能成长，并应在实践中逐步学会应付危险的能力。

为此，家长要提前从以下方面做好孩子独立生活能力的准备，及早培养他们可以照顾自己，只要孩子能做的就应该鼓励他，引导他去完成。

2.要善于培养孩子的主动性和独立性

在家庭生活中，应当注意教育孩子自觉地、主动地、独立地调节自己的行为，而不是事事依靠爸爸妈妈的督促、管理。应当教育孩子明确自己活动的目的和任务，逐步培养孩子自觉地计划和检查自己的学习和活动，爸爸妈妈切不可包办代替。由于小学阶段的孩子自我调节、控制行为的能力还很差，所以，单单用讲道理的方式培养孩子的独立性还不够，必须把抽象的道理和具体生动的事实结合起来，方能收到良好的效果。

3.培养孩子良好的时间观念

在日常生活中，相当多的孩子有办事磨磨蹭蹭的坏习惯，效率观念和时间观念很差。爸爸妈妈应教育孩子有效利用时间，让其学会对时间的统筹安排，并学会利用好零碎时间和发挥时间的综合效应，教育孩子理解时间在生活中的意义。爸爸妈妈还应注意让孩子养成今日事情今日完成，珍惜时间、节约时间、遵守时间及合理安排时间的好习惯。

15

分床犹如断奶，让孩子有自己的房间

情景
再现

　　姗姗今年已经五岁了，虽然她的小房间爸爸妈妈早已经为她布置好了，但一想到她年纪还小，平时胆子又比较小，妈妈就一直舍不得和她分开，让她自己回到房间去睡。于是，就养成了姗姗只有妈妈在身边陪着才能安心入睡的习惯。

　　今天，因为工作妈妈要去外地出差，两天后才能回来，这可让姗姗的爸爸着实烦恼起来。一想到女儿晚上睡前没有看到妈妈，一定会哭闹的情景，爸爸心中就无比焦虑，不知如何是好。

　　等姗姗从幼儿园回到家，就问："爸爸，妈妈去哪儿了？"爸爸马上安慰女儿说："妈妈今天因为工作，要去外地出差，不过没关系，爸爸会陪着你的，好不好？"可是姗姗一直低着头，并没有回答爸爸的问题。此时，爸爸心里一阵不安。

　　晚上，到了该睡觉的时间，爸爸说："姗姗，该睡觉喽！"果不其然，姗姗立刻说："可我要妈妈陪我睡。"爸爸接着说："妈妈今天不在，爸爸陪着你也是一样的呀！"此时，姗姗终于忍不住哭了起来，无论爸爸怎么哄她，就是不肯妥协。正在爸爸左右为难的时候，妈妈打来了电话，爸爸就让姗姗来接，接通电话后，一听见妈妈的声音，姗姗就委屈地大哭着说："妈妈你快点回来吧，我要找妈妈……"

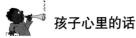 **孩子心里的话**

一直以来都是妈妈陪着我睡的，妈妈从来都没有离开过我，可是今天妈妈不在家，我该怎么办呢？晚上我醒来的时候，如果看不到妈妈，我一定会很害怕的。妈妈到底是去哪儿了，是不是不要我了呢？

家长该怎么办

在中国，很多父母即使已经给孩子准备好了婴儿房，却还是无法和孩子分开睡，担心这样会影响孩子的情绪发育，不敢轻举妄动。时间一长，孩子也就变得极为依赖大人，甚至到了上学的年纪依旧无法独立入睡。

1.何时才能让孩子自己睡

很多妈妈都想知道应该从什么时候开始让孩子自己睡。实际上，对于三周岁之前的孩子来说，确实是不宜自己睡的。因为这个阶段最重要的不是培养孩子的独立意识，而是培养他们和父母之间的依恋关系。毕竟孩子还小，如果让一离开妈妈就会哭的孩子自己单独睡觉，会对孩子的情绪发育带来不利影响。

当孩子长到三岁时，已经知道即使分开，也并非彻底见不到妈妈了。因此，从这个阶段起就可以试着让孩子自己睡觉。但是，如果孩子仍然害怕或表示反感，也不能强制性地让孩子单独睡觉。

孩子长到五六岁时，基本的生活习惯和性格应该完全形成了。从这时起，可以正式让他们独自睡了。但要切记，一定要循序渐进，逐步适应。

2.怎样让孩子单独睡觉

首先，家长要知道，孩子不愿自己睡觉，这其中有两个原因。一方面是缘于孩子的习惯，他们从小在大人的爱抚中入睡，容易产生依恋的心理，导致不愿分开睡；另一方面可能与孩子害怕孤独、黑暗的恐惧心理有关，想让他们单独睡，就如同让他们"断奶"一样，这是个很不容易的过程。其实我们可以试着从不同方面来解决这个问题。

家长可以布置一个孩子特别喜欢的环境，将他的房间布置成他喜欢的模样，使房间温馨可爱，让他喜欢上他自己的房间，这样会从心理上满足孩子独立的需要，同时又为他创造了单独睡的环境。

让孩子睡单独的房间之后，要提前告诉他灯的开关在哪里，或者在屋里开盏小夜灯，使房间里不至于太黑。此外，还可以将孩子与父母两个房间的门都打开，并且告诉他："爸爸妈妈就在你身边，你一叫我们就能听见。"这样让孩子感觉和爸爸妈妈还是在一起的，心理上会得到安慰。

如果孩子害怕，有恐惧心理，可以在分床初期陪他一会儿，给他讲讲笑话，让他心情放松，但千万不能嘲笑他，让他知道爸爸妈妈小时候也害怕过，以后就不怕了。也可以等孩子入睡再离开。或者，可以先从白天午睡的时候让孩子睡自己的小床开始培养，这样慢慢习惯下来，孩子就不会这么拒绝睡小床、分房间了。

3.改变和培养孩子的习惯，父母的坚持很重要

要改变或者培养孩子的某一个习惯，父母的坚持是很重要的。刚刚分开时，孩子往往会找各种理由喊大人，或者是大哭等表达自己的不满，对抗大人的意志。这时，家长一定要有耐心，尤其要坚持住，不能因为孩子的吵闹而心软，从而接纳孩子同睡的要求，一定要坚持原则不放弃，削弱孩子对父母的依恋心理。

所以，有意识地让孩子一个人睡，自己掌控睡眠空间，自己睡，自己起，自己穿脱衣服，甚至自己收拾床，很快就能形成良好的睡眠习惯，独立性和自理能力也就慢慢培养起来了。同时，也有益于孩子性别意识的培养。

#

吃点小亏，让孩子懂得自我保护

星期天，妈妈带着四岁的阳阳来到游乐园玩。在玩过了女儿喜欢的几个游乐项目之后，妈妈就带着阳阳来到草坪广场，一边休息，一边喝水。因为是周末，广场上有很多小朋友，于是，妈妈就鼓励阳阳："你看那边有好多小朋友啊，阳阳想不想过去和他们一起玩？"阳阳稍微犹豫了一下，但还是回答妈妈，说："那我过去玩一会儿，可是妈妈要一直在这里看着我，不许走开！"妈妈说："放心好了，妈妈绝对不会离开的。"

阳阳这才放心地走过去，和小朋友们玩在一起。妈妈此刻就坐在一边看看书，可是，没过一会儿，妈妈就听到了阳阳的哭声。于是，妈妈马上跑过去，问："阳阳，怎么了？"阳阳立刻委屈地说："那个小哥哥刚刚很用力地推我！"还接着一边哭一边说："可是我又没有错，他为什么要推我？"

妈妈只好安慰阳阳，说："那也许小哥哥并不是故意的，只是不小心碰到你了呢？"阳阳马上说："我也不知道。"妈妈接着问："那你有问那个小哥哥原因吗？"阳阳很委屈地回答说："没有，当时小哥哥跑得很快，一转眼就不见了。"然后，妈妈只好一边安抚孩子，一边告诉阳阳要记住，下次再遇到这种情况，一定要先自己想办法解决，而不能只是一直站在原地哭，因为哭是解决不了问题的。

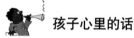

📢 **孩子心里的话**

平时和小朋友们一起玩，我常常就会被大家欺负，这个时候即便是别人的错，我也不知道该怎样去回击他们。有时甚至还会被其他小朋友打了几下，或是像今天这样被小哥哥推倒了，我也从不还手，因为我很害怕，又不知道该如何解决，就只能站在那儿哭。反正我知道，每次我一哭，爸爸妈妈就会很着急地跑过来安慰我，帮助我解决。

❓ **家长该怎么办**

作为家长，我们在平时应该让孩子有自我保护的意识，在遇到困难或是问题时不能完全靠父母。最重要的是要对孩子进行初步的安全指导、教育，让孩子学会自我保护的技巧和方法，提高孩子保护自己的能力，帮助孩子树立安全意识，这样才能让孩子更好地应对意外事故带来的伤害。

1.帮助孩子树立安全意识

孩子小缺乏生活经验，好奇心强，不知道什么事情能做，什么事情不能做，甚至有时偏偏喜欢做一些危险的尝试。针对这种情况，家长可以通过一系列的实践活动，比如采用电视短片、图片、故事等形式，向孩子直观地进行安全教育，让他们知道哪些东西是危险的，会伤害身体，并教会孩子认识一些安全标志和记住急救情况下拨打的急救电话，等等。

2.培养孩子的灵活应变能力

家长可以在日常生活中，一方面组织孩子开展形式多样的体育活动，以增强孩子的体质，发展孩子灵活、敏捷、协调的动作。另一方面还可以通过创设情境及利用周围环境的变化来培养孩子对突如其来的事件的灵活处理能力，让孩子在游戏及模拟情境中直接感知体验，逐渐学会躲避危险。当孩子掌握了一些简单的应变方法时，遇事就能从容应付，不会再慌张。

3.全面提升孩子的自我保护技能

孩子年龄小，有时知道要注意安全，但不一定有能力处理一些带有危险性的事件，这就需要我们家长仔细观察孩子的一举一动，针对不同的问题，采用不用的教育或训练方式，有意识地教给孩子一些自我保护技能，从而提高孩子自我保护的能力。

（1）缓解孩子的心理压力

当孩子受人欺负或是遇到困难时，可能会因为害怕而伤心难过，此时如果父母用一些负面的语言加以批评，孩子就会把父母的责备理解为对他的失望，因此觉得自己很没用而变得更加胆小怕事。因此，当面对受到欺负的孩子，父母应耐心地给孩子释放心理压力的机会，同时一定要对孩子加以正确的疏导，要让孩子知道欺负人是错误的，而他被人欺负并不是他的错。

（2）帮孩子正确地分析并看待问题

家长应该首先了解孩子被欺负的经过和真相，然后帮助他分析其中的原因。在搞清楚事实真相之后，再根据实际情况采取相应的措施。如果是孩子处理人际关系的社会技巧不足，就教他必备的人与人相处的技巧；如果是因为孩子个性上太娇弱、内向，就设法让他活泼开朗些；如果是因孩子性情暴躁、喜欢主动攻击其他小朋友，那就要找出引起他不满、不安的原因，并设法消除这种不安的因素。

（3）让孩子学会提前规避危险

平时在孩子与其他小朋友相处时，父母无须过分保护，应该尽量给他多一点自己做主的权利，多鼓励并帮助孩子增进人际关系。这样，孩子就会对自己充满自信，就会交到越来越多的朋友，受欺负的概率自然就少了。另外，孩子之间的打打闹闹实际是学习躲避危险的最好方式。因此，当孩子平时与要好的小伙伴之间打打闹闹时，只要没有危险，父母不要过多干涉。父母应该选择一种合理、正面的处理方式加以引导，以免给孩子造成错误的认识和不良影响。

（4）冷静地处理问题

小孩子之间的事情，双方家长谁都不能责备孩子，大人不能做孩子的裁判。被打的一方家长，一定要克制冲动，千万别去找老师理论，更别去纠缠对方家长，应在确保孩子没受伤的前提下，大度、坦然一些，小事化无；而打人一方，首先要道歉，态度诚恳而且要关心对方的孩子，千万别为自己孩子辩解和找理由。总之，家长要时刻记住自己处理问题的方式和态度，会影响到孩子解决问题的方式。

17

别独断专行，让孩子给自己拿主意

情景再现

　　琳琳今年已经五岁了，不仅性格乖巧可爱，而且学习成绩也一直很好。唯一让爸爸妈妈最苦恼的一点就是，平时孩子有一个习惯，就是不管做任何事，都喜欢先听听别人的建议，然后再去执行。久而久之，她自己就没有了主见。

　　甚至有一次，在琳琳过生日时，妈妈带着她去逛玩具店，想让她为自己挑一个喜欢的玩具作为生日礼物。可是琳琳左看右看，就是没办法决定自己要买哪一个，而且还一直不停地问妈妈和爸爸，让父母来帮她做决定。如果这时候，妈妈爸爸稍微坚持一定要让她自己做选择，她就会露出很委屈的表情，一再恳求。最后，迫于无奈，琳琳的妈妈只好帮她选了一个洋娃娃，买回了家。

　　虽然妈妈也很担心这样发展下去，对孩子并不是件好事，但是，每当看见女儿发愁的样子，就忍不住心疼孩子，就想尽快帮助她解决。妈妈心里常安慰自己，觉得可能等琳琳再长大一点就好了，就可以自己去面对这些问题了吧！

 孩子心里的话

因为爸爸妈妈一直都对我很关心，无论什么事情，都会比我想得周全，虽然偶尔对一件事情可能会有不同的意愿，这个时候，我还是选择听爸爸妈妈的意见，按他们的想法去做。因为，妈妈常说："凡事听妈妈的话，一定准没错！"所以，我甘愿听从妈妈的指挥，一旦有难以决定或不易解决的问题，我都会向妈妈求助，而每次妈妈都会满足我的要求。

家长该怎么办

在家庭教育中，父母必须要认识到独立思考能力对于孩子的重要性，要从小注意培养孩子自己思考问题、正确决策的习惯，帮助他们掌握决策的技巧，让孩子学会独立思考。

1.创造开明的家庭环境，随时随地自主选择

具有开放性的家庭环境，有助于提高孩子独立思考的能力，将使孩子终身受益。家长碰到问题的时候，可以和孩子一起思考解决办法，将自己的思考过程展现在孩子面前。同时，家长对孩子自主选择的尊重，可以随时随地体现在最简单的日常生活中。比如吃的方面，当孩子能力所及时，在不影响孩子饮食均衡的情况下，家长可以让孩子自己选择吃什么；家长带孩子外出玩要时，在保证安全、健康的前提下，可以让孩子自己决定穿什么衣服，切忌随自己喜好而不顾孩子的感受；孩子在玩游戏时，家长可让孩子自己选择玩具和决定游戏的规则，自己体验其中的乐趣，等等。这样耳濡目染，可以极大满足孩子的自主意识，孩子就会形成凡事自己动脑的良好习惯，帮助他成为一个有主见的人。

2.学会倾听，让孩子勇于说出自己的看法

在鼓励孩子独立思考方面，父母其实有很多事情可以做，最简单的就是倾听孩子叙述他自己的想法。耐心倾听孩子讲的每一句话，鼓励并引导孩

子自由地表达思想，既体现了家长对孩子的尊重，同时也能有效地培养孩子的自主性。其实孩子最初是有自己独立的看法的，尽管孩子的想法常常是天真、幼稚甚至可笑的，但是父母一定要克制自己纠正孩子意见的想法，不要剥夺了孩子独立思考的能力。应抓住孩子谈话中有趣的、有见解的论点，鼓励他们深入阐述下去，让孩子获得思考的乐趣，增强他们探索的信心，并培养孩子有主见的个性。在日常生活或游戏中，无论遇到什么困难，家长首先应该让孩子自己来想办法解决，鼓励孩子勇于说出自己的想法，让孩子学着说：我认为、我觉得。

3.鼓励孩子敢于对有疑问的事提出问题

鼓励孩子敢于对有疑问的事提出问题，是智力教育的一种重要方法。家长们应趁孩子小的时候，让孩子展开想象的翅膀，尽情地提问。例如：无论是带孩子去博物馆，还是陪他们看书、看电影，父母都不妨提出一些问题，启发孩子进行思考。因为问得越多，知道得就越多，就越能刺激孩子的好奇心和上进精神。具体而言，家长可从以下几个方面加以注意。

（1）不要直接告诉孩子问题的答案

孩子年龄小，遇到疑难问题时，总是希望得到父母的帮助，想直接得到答案。这时，聪明的父母面对孩子的问题时，不是告诉孩子答案，而是教给孩子解决问题的方法，让孩子从中学会独立思考。如果孩子暂时无法独立解决问题，父母可以做出示范，通过查阅资料、反复思考等方法，让孩子学习思考的方法，这样孩子在寻找答案的过程中，锻炼了自己的思考能力，积累了经验，当找到解决问题的答案时，会充满成就感，思维能力也相应得到提高。

（2）主动提出问题和孩子一起讨论

孩子小时候，脑子里会有很多问题，当孩子向父母提出问题时，父母要和孩子一起讨论，耐心地向孩子解释，父母积极地帮孩子解决问题，孩子就会提出更多的问题。父母要让孩子学会主动思考，就要从为孩子提出问题入手，要善于提出开放性的题目，让孩子的大脑经常处于活跃状态，通过这种方式来锻炼孩子的思维能力，激发起孩子不断思考的兴趣。

（3）鼓励孩子发表自己的意见

在压抑的环境中成长的孩子，不容易有自己的意见和看法，思想会受到父母的左右，只会盲从附和父母的意见，这样会影响孩子思考能力的发展。父母要给孩子创设民主和谐的家庭氛围，孩子在这样的家庭环境中，才会有活跃的思维，敢于发表自己的意见。在孩子发表意见时，即使是错误的，也要让孩子说完，然后再给予适当的指导。对于孩子的正确意见，父母应该积极肯定和表扬，增加孩子主动表达的自信心。

（4）和孩子玩一些益智类游戏

生活中，孩子一般都喜欢游戏，如果父母在游戏中注入益智因素，就可以促进孩子思维力的发展。父母经常和孩子玩一些益智类的游戏，既能沟通亲子感情，又可促进孩子思考能力的发展。在游戏中，父母要教孩子学会思考，运用推理、比较、概括的方法去促进思维的发展。要鼓励孩子多动手、多动口，全面促进和训练孩子的思维。

#

培养孩子孝心，别俯首向孩子称臣

上小学五年级的丹丹，从出生以来就和爷爷奶奶生活在不同的城市，除了每年过年的时候，几乎很少见面。今年，由于年迈的奶奶身体不适，爸爸就将奶奶接了过来，可从奶奶住进家之后，她就对奶奶产生了厌烦的情绪。

丹丹从未主动陪着奶奶说说话，当奶奶要她帮忙打一盆水、取一条毛巾时，她要么以"正在做作业"为由懒得动手，要么嘟嘟囔囔没有好声气。不仅如此，当疼爱她的奶奶为她买来零食或是衣服的时候，她还嫌弃奶奶买的东西太土、太便宜，并把衣服扔进衣柜内，从来都不穿。

 孩子心里的话

从小家里就只有我和爸爸妈妈，而且生活起居都是爸爸妈妈照顾我，从来不让我干活儿的。可是，自从奶奶来了之后，爸爸妈妈每天总是只陪着奶奶，照顾奶奶，还对我提出各种要求，让我帮奶奶做这做那的，我很不高兴，真想回到以前的日子。

家长该怎么办

孝敬父母长辈，自古就是中华民族的传统美德，是做人的起码规范。不懂得孝敬父母长辈的人，就不会宽容别人，必定是一个自私自利的人。那么，作为家长，该如何从小就培养出孝顺的孩子呢？

1.让孩子知道并感恩家长给他的爱

爱孩子，就要让孩子知道，这样才能激发起孩子的爱心，引起他们发自内心更深刻的感恩情怀。真心爱孩子，就要让孩子懂得感受爱、体味爱。也许我们许多家长已经习惯于付出，并不希望得到回报或感恩，或是认为孩子少不更事，自己的作为没有必要对他们解释，因此孩子只是静静地等待获取，从来不知道父母或亲人对他们的殷殷之情。所以，家长的作为要对孩子讲清原因，让孩子知道并体味亲人给他的爱，这个过程也是教孩子学会爱的过程。比如在给孩子吃东西时，应该当着孩子的面，自己也分一份吃，这样做不是斤斤计较，而是更容易让孩子明白一些道理，懂得父母的爱，珍惜父母的爱。

2.让孩子知道父母为孩子和家庭付出的辛苦

现在很多孩子根本不知道父母从事着怎样的工作，更不知道父母的钱是何等的来之不易。由于不了解，所以不理解，也就谈不上孝敬了。在这种情况下，做家长的应有意识地让孩子体会父母的辛苦，体会父母挣钱养家的不容易，体会父母对孩子的亲情，体会父母也同样需要孩子的关心和爱。因此，父母不妨根据孩子的年龄，让他们了解家庭经济问题是什么程度。家长可以经常给孩子讲讲自己一天的情况，如起床、做饭、洗衣服、整理家务、上班等，让孩子体会到父母是如何关心自己的。如有可能，还可以让孩子适当地参与父母的劳动，以加深其体会。让孩子了解，父母通过劳动给自己的一切，是用心血汗水换来的，要百倍珍惜，并要有感激之情。

3.教会孩子同情、体谅和怜悯别人

父母要从小教育孩子学会理解他人，教会孩子对人有同情心，让孩子明白每个人都有权利欢乐、幸福，孩子不仅应知道自己有需要和愿望，还应想到父母和亲人的需要和愿望，适当地限制或放弃自己的部分需要和愿望，比如：父母应坚持让孩子把好吃的先让给长辈；与孩子一同上街购物时，要求孩子帮助拎些东西；当家里条件不许可时，限制孩子的某些需要与愿望，等等。

4.具体要求和训练孩子孝敬父母的行为

教育孩子孝敬长辈，绝对不是抽象的说教，而是有具体内容的训练。如教孩子学会根据性别年龄称呼"叔叔""阿姨""老爷爷""老奶奶"等；听父母长辈说话时要认真，眼睛不东张西望，不插嘴；父母批评时不顶嘴，不任性；在家要当父母的小帮手；知道父母的生日，主动为父母祝贺生日；有好吃的，先让父母尝，等等。孩子从小事做起，天天训练，就可以形成习惯。

5.父母要以身作则，培养孩子的孝心

父母要用自己的行动去教育孩子，父母怎样对待长辈，孩子将来就会怎样对待父母。当孩子明白自己有为家人的欢乐、幸福出一份力，并能自觉地为维护家庭利益而努力，甚至限制自己的一些需要和愿望时，孩子的家庭责任感就已经建立起来了。

家庭责任感是社会责任感的基础，要把孩子的家庭责任感扩大为社会责任感，父母就要以身作则给孩子做出榜样。比如父母可以引导孩子关心爷爷、奶奶、伯父、伯母及表兄妹等亲属，当知道他们当中有人生病了，就带上孩子去探望，当他们求助时，尽自己所能给予帮助。引导孩子尊敬老师、关爱同学和邻居，进而关心帮助社会上不相识的人。

6.多给孩子表达和实践孝心的机会

孩子良好的习惯和品质，不是长大就能自然形成的，而是需要平时一点一滴养成。要想让孩子养成孝顺的习惯，对父母、对他人都怀有一颗感恩的心，家长平时就应当创造机会让孩子尽孝。孝心，要在融洽的氛围中，在爱心的驱使下，让孩子慢慢地养成，并逐渐成为一种自觉的行为。比如引导孩子学会关心长辈，懂得陪长辈聊聊天，懂得在节日里向长辈送上一份祝福等。此外，当孩子为长辈服务时，长辈应笑脸相迎或亲亲孩子，并予以表扬和鼓励，让孩子觉得为长辈服务很自豪、很值得，是快乐、幸福的事。

鼓励孩子做饭，明白家长的辛苦

五岁的蕾蕾，平时就是个好奇宝宝，比如最近，她就对厨房产生了好奇，总在妈妈做饭的时候，跑过来主动要求帮妈妈的忙。一会儿要帮着妈妈洗菜，一会儿又要去拧煤气开关……而且常常以添乱告终。可是，即便如此，妈妈还是不希望打击女儿的积极性。

于是，出于安全的前提，蕾蕾妈妈想了个办法，事前与蕾蕾"约法三章"，让女儿首先要保证遵守规则，才肯让她进来和妈妈一起做饭。

第一，一定要在妈妈同意之下才能使用工具；第二，一定要按妈妈说的
去做。

蕾蕾高兴极了，自言自语地说："我煮的饭肯定好吃！"于是，在
妈妈既担心又耐心的教导下，饭终于煮好了，蕾蕾急得赶紧帮助妈妈摆
碗筷，然后，坐下和爸爸妈妈一起品尝自己参与劳动的果实，那种满足
的表情别提有多开心了！

 孩子心里的话

我平时最喜欢玩的游戏就是"过家家"了，只可惜那些都不是真的食
物。这回，妈妈总算同意让我帮忙了，我终于可以做真的饭菜了，不过这次
可是用真的火、真的电饭煲哦，这可比做游戏更刺激、更好玩呢！而且时间
也比做游戏的时候长好多。我相信，自己做的饭一定很好吃，爸爸妈妈也一
定会这么觉得。

家长该怎么办

现在，好多孩子吃饭都比较慢，也比较爱挑食，这是大多数初为父母者
的烦恼。其实，要想让孩子好好吃饭，除了要改进自己做饭菜的水平，从而
合孩子的口味，或是让孩子养成好的饮食习惯之外，家长也可以从其他方面
去找找原因，想想改进的方法。

相信不少家长也会有这样的感觉：如果是自己做出的食物，相对于其他
食物来讲，会觉得更加美味。对于孩子来说更是如此。因此，为了让孩子对
食物产生兴趣，可以让他们参与到做饭的过程中来。

首先，可以带孩子去买菜。买菜的地点可以挑选环境比较好的超市，在
买菜的过程中，家长还可以教孩子认识商品的种类和价格。同时，还可以适
时地考考孩子的计算能力。在这样的环境下，孩子会比较乐于学习。

其次，在厨房，可以让孩子帮忙洗菜、择菜，做一些比较简单的工
作。当孩子看到自己的劳动成果时，会比较有兴趣去尝试。可能他还会很开

心地对爸爸妈妈进行炫耀："爸爸，这个菜是我择的！妈妈，这个菜是我洗的！"

孩子们的健康发展和饮食、运动是密切相关的。通过适当的运动能够给孩子们提供一个强健的体魄，这是大家都知道的。那么，为什么孩子们还应该学会自己在家里做饭呢？

1.从烹饪中培养健康的饮食习惯

目前，儿童普遍肥胖已经是一个非常严重的问题了，甚至已经被称为肥胖流行病了。父母在教孩子们做饭的时候，能够提供给孩子们一些重要的健康信息，包括食物里面含有的营养成分，不同的食物应该怎样进行烹饪，食物的能量多少，等等。所以说，在孩子学习做饭的过程中，他们也在学习如何控制自己的健康状况。

2.动手的过程中也可开发智力

不管是将一种食材分成两份或三份，还是合理分配水与米、面粉的比例，这都是一个很好的启发孩子学习数学的方法。通过烹饪的方法，能够帮助孩子们看到数学在现实世界中的实际应用，这样，孩子们就不会再认为数学是一件抽象的事物了。

3.激发孩子热爱生活的心态

教孩子们做饭，对孩子们来说是一个非常有意义的学习体验，即使他们不一定会觉得这是在学习某一种技能，仅仅是把它视为一种游戏。但是，在参与烹饪的过程中，一点一滴的进步和收获，无疑能够给孩子和整个家庭带来非常多的乐趣。教孩子们做饭，原本是一个非常巨大的工程，知道怎样烹饪食物的孩子，一般来说都需要了解食物的准备过程。而孩子天生都是非常有创造力的，因此，在孩子们做饭的时候，可能会加入很多自己的创意，从而让自己做出来的饭菜更加充满惊喜。

4.养成爱劳动的美德

从小会劳动的人，以劳动为乐，也会关心他人，更懂得珍惜别人的劳动成果。从采购材料，到准备、操作，孩子自己有了相对完整的一次切身体验之后，当成果摆在眼前时，他们才会更加真切地感受到激动与幸福，才能够体会到平日父母的辛苦，而对于家长而言，也享受到了养育子女的回报。所以这对于双方来讲，都是特别有纪念意义的事情。更重要的是培养了孩子从小就懂得感恩、热爱劳动、珍惜劳动成果的良好品质。

第三章 爱孩子，
就把孩子推出家门去

放养，父母不做"拐杖"做"向导"

情景
再现

　　今年乐乐已经升入中班了，可能是因为妈妈从小就比较宠着孩子，生活中，几乎什么事情都是妈妈帮着乐乐打理。诸如穿鞋子、扣纽扣等小事，都要在妈妈的帮助下才能完成。

　　当然，在孩子四岁前，妈妈没觉得有什么，毕竟孩子还小。可是最近几个月，尤其每天早上乐乐醒来后，总是围在妈妈身边，让妈妈帮助她做这事那事的。

　　说实话，妈妈感觉孩子依赖性太强了，但当看到乐乐那一张充满恳求的小脸，听到孩子稚气十足的话语："妈妈，帮我穿一下衣服行吗？""妈妈，我的鞋子穿不上，帮我……"还真不忍心不去帮忙。

　　但是往深处一想，孩子生活自理的能力本来就很差，如果一味这样迁就照顾下去，孩子的自理能力怎么能提高呢？怎么办呢？这个问题始终困扰着乐乐妈妈。

 孩子的心里话

　　其实穿衣服、系鞋带这些事情不是我不会做，而是每次我自己做的时候都很慢，越是着急就越做不好。妈妈看见后就马上过来帮忙了，于是后来我就不想做了，反正妈妈都会帮我的，而且还比我自己做得好，所以我自己不会也没关系。

❓ 家长该怎么办

父母的宠溺往往会导致孩子长不大，许多孩子虽然身体上长大了，但心理上和生活自理能力上都并没有长大。对于如何提高孩子们的自理能力，有的时候，家长的确需要尝试着"袖手旁观"，不要以把孩子培养成"乖"孩子为标准，要适时地"放养"孩子，学会适当地放手，给他们一定的空间，让他们自己去尝试做事。一段时间后，你就会发现，孩子不同了，不仅会听话了，还更懂道理、讲道理了。所以说，父母需要转变教育观念，慢慢地对孩子学会"放手"。

1.尊重孩子，不要老想着控制孩子

父母要把孩子和自己放在同一地位去对待，不要总摆出一副长辈架势，用长辈的威严去震慑孩子，而是要尊重孩子，顺其自然，让孩子在相对自由独立的环境中学习本领。为人父母者没有不心疼孩子的，打骂肯定不是好办法，那样会严重伤害孩子的自尊心，但宠爱溺爱也会害了孩子，让他们变得自私、消极、不懂得关心他人。因此，家长要真正去了解他们，不能随意替孩子决定事情，应尊重他们的选择，并和孩子一起去完成他们想做的事。

2.允许孩子自主选择兴趣

父母与孩子，双方之间要保持一定的距离，做到亲密"有间"，父母一定要给孩子留适当的空间，让他们去做自己想做的事情。如果父母还是不放心，可以在旁引导，让孩子根据自己的意愿去选择兴趣爱好。

3.允许孩子有不同于父母的见解

父母虽然经验丰富，但是不要把自己的意愿强加在孩子身上，可以在某些事情上给予孩子一些建议，鼓励孩子说出自己的心里话，并和他们愉快地沟通，然后交换想法，从而通过这种方式走进孩子的内心深处。在平时的家庭教育中，家长也应多与孩子沟通，听听孩子心里是怎样想的，从孩子的叙述中进行指正。

4.认真学习痛快玩耍，劳逸结合

学习和考试成绩永远是大人和孩子之间最敏感的问题。家长过分关注分数和排名的心态会对孩子起着潜移默化的作用，功利思想太重也不利于孩子长远的发展。现在孩子的学习负担已经很重了，不能再加重他们的厌学情绪。从小学到大学，将有十几年的求学路，如果孩子对学习不再有兴趣，那将是一件很可怕的事。因此，除了要求孩子上课认真听讲，回家按时完成作业以外，家长还应经常鼓励孩子出去运动，比如游泳、打球及和同龄的孩子一起玩等。

5.鼓励孩子接触新鲜事物

家长不能因为一些未知的事情就去否定孩子的现在，要鼓励他们去接触新鲜的事物，因为新事物的吸引力是父母无法给予的，它们的魅力也是孩子无法阻挡的。新鲜事物能不断地激发孩子的想象力，锻炼孩子的思维能力，从而使孩子具备创造力。当孩子走进大千世界，他们肯定会拥有一生难忘的体验。当然，孩子的想象力和思维能力也在逐渐提高。

6.对孩子"放养"也要有个度

与过去的孩子相比，现在的孩子更自我，因此家长应该换一种教育方式对待现在的孩子。如今，孩子不听话，不懂礼貌，很多跟家庭的教育方式有很大关系。家长对孩子要求不严格，对孩子实行"放养"，但很多时候家长把握不好分寸，结果反而被孩子牵着鼻子走。专家说，家长"放养"孩子犹如"线与风筝"，风筝可以飞，但是要受到线的控制，如果风筝没有了线，也不会有好的结果。对孩子来说，能放得出去，又能收得回来，才是"放养"的最佳效果。

21

受挫，让孩子面对挫折

鑫鑫平时就是一个比较能干的小男孩，各方面的表现都挺出色，因此，从小直到上幼儿园就几乎没有受到过父母或老师的批评。

这个周末，幼儿园要举行春季运动会了，鑫鑫也积极参与其中。鑫鑫不仅在拍球比赛上获得了冠军，而且在接下来的跑步中，也取得了很好的成绩，小朋友们纷纷向他投去羡慕的目光。

另外，在运动会上，幼儿园特别安排了跳绳项目，虽然鑫鑫也跳得不错，但老师为了让更多的小朋友得到展示的机会，便将名额给了另外两名小朋友，让他们代表班级去比赛。

可是，老师的话音刚落，鑫鑫就立刻跑过来，问："老师，他们两个都不如我跳得好，为什么让他们去，不让我去呢？"老师说："鑫鑫，你已经获得那么多的奖项了，把这次展示的机会让给其他的小伙伴不好吗？"鑫鑫一脸不服气的样子，只好噘着嘴回到座位上，郁闷地哭起来。

孩子的心里话

明明平时我才是班级里跳绳最好的人，真不明白，老师为什么不选我，而是非要选择不如我跳得好的同学去参加比赛。老师一定是故意不选我的，这让我在班级小朋友面前，多没有面子啊！

家长该怎么办

父母就要有意识地培养孩子抵抗挫折的能力。孩子只有经历了挫折，才能拥有坚强的拼搏精神和顽强的抗争能力，对环境才有更好的适应能力。教育孩子的同时，父母要学会放手，让孩子去体验生活中的酸甜，让孩子学习怎样面对挫折。

1.要了解孩子抗挫能力差的表现

要求得不到满足时就乱发脾气、哭闹；

受不了一点批评，光爱听表扬的话，一批评就不高兴，甚至哭闹；

自尊心较强，好胜心强，好面子，承受不了失败；

怕困难，遇到一点问题就退缩；

特别娇气，做错了事，家长一说就哭；

不敢承认错误，老是用哭来推卸责任；

遇到一点困难就愁眉苦脸，不是想找大人帮忙就是想放弃，或怨天尤人；

从不寻求解决困难的办法，从不分析失败的原因。

2.要客观分析孩子抗挫能力差的原因

（1）自身因素

由于孩子的天性比较懦弱所致，这类孩子在经受挫折的时候由于经验有限、意志比较薄弱，很容易对自己丧失信心，产生自卑的情绪，这也是儿童容易受挫的最大原因。孩子自身的原因包括生理、心理两方面。比如生理方面，让一个两岁的孩子去画一个很形象的人物，他肯定完成不了，因为他还处于涂鸦期，画不出来必然会产生挫折感；心理方面的，如果一个孩子做事缺乏坚持性和毅力，遇到困难不是想办法克服，而是采用回避的态度，也是造成挫折的原因之一。

（2）家庭因素

随着独生子女的日趋增多和人们生活水平的不断提高，孩子大都从小就生活在幸福安定的环境中，缺乏"逆境教育"。父母没有给孩子面对挫折的机会，所以当挫折到来时孩子没有承受能力。此外，有些父母对孩子的缺点不但不指正，反而在生活上包办代替孩子的一切，这样就很容易让他们产生自以为是、自我优越的心理，养成坐享其成的习惯。于是当孩子真正面对现实生活，面对竞争，不能处处第一、事事得到满足时，他们自然会产生强烈的挫折感。

（3）父母对孩子的期望不当

家长对孩子的要求过高，给孩子的压力过大，既要求孩子样样全能、次次最优，又没有教会孩子如何面对得失的正确心态。由于家长的这种态度，孩子也逐渐对自己形成一些不切实际的期望，事事争强，赢得起输不起。所以在孩子做事的时候就会有始无终，使他不愿意面对挫折和失败，稍微遇到挫折就会放弃。

3.要重视孩子抗挫能力的培养

挫折教育，它是在科学的教育思想指导下，根据孩子事业发展和教育的要求，利用或创设某种情境，提出某种难题，启发和促使孩子动脑、动手来解决问题，使他们养成乐于尝试，勇于克服困难，敢于经受挫折的习惯，从而引导孩子逐步摆脱依赖，形成对环境的适应能力和对挫折的承受能力。

（1）让孩子正确地面对挫折

在孩子面临困难时，家长应该让他们直观地了解事物发展的过程，父母要告诉孩子，在每个人的成长过程中都会经历失败，挫折是一件很正常的事情。失败并不是一种错误，虽然没犯错误但并不代表不失败，要让孩子做好应对挫折的心理准备。同时，为避免孩子产生畏难、懒惰的情绪，要让孩子懂得一时的失败并不等同于永远的失败，能使孩子找出失败的原因，让孩子能够从挫折中顽强拼搏，不惧失败，并为克服困难做出自己的努力，从而走向成功。这一点是非常重要的。

（2）设置困难情境，提高孩子的挫折承受力

在孩子的生活、学习活动中，成人可以随机利用现实情景，或模拟日常

生活中出现的难题，例如，孩子新买的鞋不会系鞋带，为了培养他们的自理能力，家长可以帮他系一次，并让孩子仔细观察、学习系鞋带的方法，第二次就让孩子尝试自己动手，如果孩子的确有困难就再指导一下。让孩子开动脑筋，根据已有的生活经验，经过自己的努力克服困难，完成任务。

（3）善用鼓励，淡化孩子的受挫意识

孩子只有不断得到鼓励，才能在困难面前淡化和改变受挫意识，获得安全感和自信心。成人要多鼓励孩子做自己力所能及的事，在孩子做出努力并取得成绩时，一定要记得及时予以表扬，强化其行为，并随时表现出肯定和相信的神态。在这个过程中，家长一定要注意，不能对孩子提出过高要求，要根据孩子的年龄特点和兴趣进行培养，否则，孩子在压力面前会产生强烈的挫折感。

看开，面对不可逆转的结局说"没事"

　　朵朵是一个聪明伶俐的小女孩，和同龄的小伙伴比，学习和自理能力都显出优势，不怎么让父母操心。但最近爸爸发现朵朵有个不好的习惯，就是遇到一点不顺心的事，立刻就把不高兴挂在脸上，甚至会大发脾气。

　　比如昨天，吃过晚饭以后，朵朵非要爸爸妈妈陪她一起下跳棋。在玩的过程中，朵朵也会不时地要点小花招：比如发现自己走错了，马上祈求爸爸妈妈让她重来；要是爸爸妈妈碰巧走得最快，她一定会立刻阻止，说："这个不算，重来一次！"如此用心的结果，就是每次她都只能赢不能输。

　　偶尔一次，她没有得到第一，便会生气地一把将棋子推倒，或者一脸不服气地缠住爸爸妈妈再玩一遍、两遍……直到她赢了才心满意足。

 孩子的心里话

我无论做什么事情，都希望自己得第一，因为这样，爸爸妈妈、老师同学们才会更加喜欢我。即便是做游戏，我也希望自己是只赢不输，不能让别人超过我，如果我输了，我会觉得自己很丢脸。

家长该怎么办

孩子遇到困难时，父母的职责，并不只是给予关心，也不是帮助孩子去规避每一个困难和挑战，更重要的是成为他们强有力的支持者，利用逆境来磨炼孩子克服困难的勇气，帮助他们学习在逆境中如何保持乐观向上的健康心态，才是最重要的。

1.坏事变好事

其实，这是一个很普通的道理，只是在遇到事情时，家长很少习惯地从这个角度去想，常忽略了让孩子知道，只要经过努力，有时坏事也是可以变成好事的。比如：在孩子遇到类似考试成绩不理想的事情时，家长应该和孩子一起探讨，先去好好分析一下存在的问题与不足，告诉孩子：这没关系，正是因为这次的不足，咱们才有机会找到改进的技巧、方法，下一次一定会更好！

2.遇到一些挫折或失败是正常的，没什么

生活中有些挫折、失败的确关系重大，比如考学、疾病或是家庭的变故，等等。但是绝大部分挫折、失败并不是那么重要，只是一个小小的人生经历而已。为什么有些不顺利会给孩子造成负面的情绪？其实往往不是事情本身严重，而是孩子对这个事情的认知夸大了它的影响，把它看得严重，自然会有负面情绪。

因此，在孩子遇到一些不顺心的事情之后，告诉孩子很多事情是很正常的，也没什么。比如：孩子不可能把所有的知识完全掌握好，有可能是自己不擅长的，或是临场发挥也会有好坏，所以考试成绩的波动是难以避免的，不可能要求自己一定要考好；一年级的孩子还没有文字、阅读基础，写作文自然是困难的，这不说明孩子笨；被批评，是很正常的，但这并不代表老师就是不喜欢自己……要让孩子知道，我们不能追求万事顺心如意。

3.顺其自然

每个人的力量都是有限的，不可能左右所有的事情，而一件事情能否顺利，也是由很多客观条件决定的。尤其对于孩子来讲，在面对生活、学习及人际交往时，所要做的就是在可能的范围内尽自己最大的努力即可，而不必把失败、不顺利的责任揽在自己的肩上。

所以，在成长的过程中，家长一定要教会孩子坦然接受这些现实，面对不顺利、失败学会泰然处之，顺其自然，而这样的心态自然是有利于把事情做得更好的。

4.让自己快乐

虽然对于孩子而言，逆境可以磨炼能力、锻炼毅力，更能使人坚强、助人成长。但在面对这些所谓的困境之时，更重要的是培养孩子保持一种乐观向上的精神，对人对事都能够拥有一种积极健康的心态去看待。

比如当孩子的努力没有得到相应的回报时，是应该大怒，然后一味地指责自己不够优秀，不够好，还是应该坦然面对，总结经验，继续迎接下一个新的挑战？ 其实，孩子的"挫折抵抗力"有多强，有时候取决于自己面对挫折的态度。

另外，作为家长，你的幽默感也很重要，能够以轻松诙谐的心态面对生活的起起落落，这样的父母会是孩子们很好的榜样。可以在合适的时候，跟孩子讲讲自己的失败体验或者曾经经历过的尴尬事，孩子会从你的故事中了解到：错误和失败总是难免，它们会让人很伤心，很失望，但有的时候也会带来好的结果。

23

自信，让孩子相信"自己是最棒的"

情景再现

晓雪刚读小学一年级，之前一直是个活泼开朗，爱说爱笑的女孩子。可是，爸爸妈妈发现，自从进入到这个新集体之后，她似乎变得不太爱说话了。

爸爸妈妈一开始的时候，会问她到底是怎么回事，为什么不开心，可是晓雪一直没有正面回答，有时候还搪塞一句："妈妈，我没怎么，你不用管。"爸爸妈妈一想也许是孩子长大了，该给她一些独立思考的空间，于是便没再多问。

转眼到了一年级的期末，妈妈发现晓雪变得越来越内向了。妈妈决定和她好好谈谈心，经过妈妈的一番询问得知，原来是因为女儿的学习成绩不断下降，女儿怕爸爸妈妈知道以后，会对自己失望，会从此不再喜欢她了。于是，她越着急，越是想努力，可事与愿违，成绩反而越来越差了。

当妈妈了解到女儿是由于压力过大才导致了性格转变，于是真诚地安慰她，说："其实，成绩的好坏并不重要，爸爸妈妈也不会因为你的学习成绩不好而不喜欢你，爸爸妈妈永远都会陪着你，如果你遇到什么困难，一定都要告诉我们，我们来一起想办法。和学习成绩相比，爸爸妈妈更希望看到的是你还能像以前那样，那么快乐和自信，知道吗？"

晓雪听到妈妈的这些话，含着泪点了点头。

孩子的心里话

从小到大，我都是爸爸妈妈心中的乖宝宝，从来没有让他们失望过。可是，升入小学以后，有时候上课老师讲的内容，我并不是完全听得懂，可我又不想去问老师，觉得那样会很丢脸。当然我更不敢告诉爸爸妈妈，于是，我以为再努力一下，应该就会好起来，可是没想到，不懂的问题越来越多，成绩也反而下降得更快。我真的很着急，觉得自己越来越笨了，如果爸爸妈妈知道了，一定很生气！

家长该怎么办

人生并非是一帆风顺的，时刻充满坎坷、充满挑战，这就需要我们用顽强的意志和坚定不移的自信去征服。自信不仅可以展现人格的魅力，也是一个人成功时最重要的意志品质之一。对于年幼的孩子来讲，他们更容易在这个复杂的世界中一点点地失去自信，尤其是受到源自父母的言行举止的影响。因此，在日常生活中父母要注意从小培养孩子树立自信心，才是家庭教育的重中之重。善于运用一些有效的方式方法，帮助孩子在一点一滴的为人处世中，逐步树立自信心。

1.认真对待孩子的要求

要给孩子树立自信心，首先要学会认真对待和倾听孩子的诉求。比如当爸下班到家，孩子举着自己用心完成的一幅作品，兴高采烈地向爸爸跑过来，让爸爸欣赏，并充满期待地等着爸爸的表扬。这时，也许工作一天非常疲惫的爸爸很漫不经心地拿过孩子的作品，敷衍了事，会让孩子因不被重视而难过，甚至从而对自己失去信心。

我们常说自信是孩子成功的来源，而打开孩子生命潜能的大门钥匙掌握在父母的手中，父母的正能量也能传递给孩子绝对充分的自信。如果这个时候，家长换一种方式，以肯定、鼓励的语气和孩子说话，这给予孩子的不只是一句单纯的肯定，而是从心底里培养孩子的自信，而自信心的萌芽也是从每个父母温暖的培育中开始的。

2.多征求孩子的意见

孩子和大人一样，也希望自己的意见能得到尊重。比如在周末带孩子出游，不妨先征求他的意见，给予他们选择的范围和权利，让他自己做出选择；给孩子购买衣物时，让孩子自己挑选颜色和款式，也许他们所选的你并不喜欢，但不要否定他的眼光，孩子的意见被尊重是他自信的开始，更会增强对自己的信心。

3.不拿孩子与他人作比较

家长常常会有这样的问题，就是爱拿自己的孩子与别家的孩子进行比较。其实这是对孩子自信与自尊心极大的挫伤。哪怕他真的比别的孩子差，也不要说："你怎么就不能学学……你看看人家多……"总是拿别人的优点与他的缺点作对比，只会让孩子越来越低落，不但解决不了问题，而且还极度地挫败孩子的自信。

4.尊重孩子的兴趣，给孩子自由的发展空间

如果孩子喜欢跳舞、体育等各种动感的项目，作为家长，不要武断地制止他的兴趣，不要以"一切都是为了孩子好"的名义，让孩子去学习你认为有用的、有益的特长。你制止他的兴趣，也就挫伤了他探索的信心。同时，让孩子拥有自己的"领地"，比如一个活动室，或是一块活动的区域，让他有一个自由发挥、不受束缚的小天地，他心中会充满骄傲感，这会让他平添自信。

5.给予孩子你的认可

孩子的自信来源于每件小事中父母对他的认可。如让孩子独立清洗自己的小袜子、小手帕，哪怕洗不干净；或者当孩子表演背诗、讲故事和唱歌的时候，给他打拍子，表示应和；在柜子上为孩子做个陈列架，陈列他的小制作、各种证书等，荣誉感最能激发孩子的自信心。此外，父母一定要切记不能因孩子犯一点小错就嘲笑他，也不要刻意强调，这样只会使孩子丧失对未知事物学习的信心和兴趣。

#

自强，告诉孩子，这世界其实谁也靠不住

女儿婷婷从小的时候开始，就有赖床的习惯。每天早上，都是妈妈负责叫她起床。以前总觉得孩子还小，早上不爱起床也没什么。可是，自从婷婷上了幼儿园之后，妈妈才发觉到事情的重要性。

例如，每天早晨，妈妈叫她起床，她总是不情愿地说："再等一会儿！"非要妈妈再叫几次之后，看到妈妈发脾气，她才肯起来。这样的结果当然也就会导致她经常性地迟到。有的时候，她还会抱怨是妈妈没有及时把她喊醒，才害她起晚被老师批评的，弄得妈妈很生气也很无奈。

可以说，这样的事情周而复始，几乎天天上演。妈妈觉得不能再让孩子这样下去了。一天晚饭过后，妈妈把婷婷叫到身边，告诉她："从明天开始，妈妈不会再叫你了，你要自己起床，准备上学。我会教你怎样设定闹钟，如果闹钟响了你还赖床不起，最后又迟到了，那一切就由你自己负责！"婷婷马上向妈妈撒娇，说："我不要！"但是妈妈一直没有妥协，态度很坚定。于是，婷婷只能接受了。

果然，第二天早上，闹钟一响，婷婷并没有立刻起床，但是妈妈还是忍住不去管她。过了一会儿，她见妈妈没有过来帮忙，只好自己起来，然后去洗漱，虽然最后还是没有及时到达幼儿园。不过，第三天，当闹钟一响时，她立刻自己起床，准备上学，这一天她并没有迟到，妈妈和她都很开心。

孩子的心里话

早上起床是一件很痛苦的事情，我总想再多睡一会儿，反正有妈妈负责看着时间叫我呢，晚起一会儿也没关系的。其实，每回因为起床晚而迟到，遭到老师的批评和其他小朋友的笑话，我也很难为情，我也很希望不用妈妈管，自己就能够做到按时起床，按时上学。

家长该怎么办

造成孩子依赖性强的原因，究其根源，就是懒惰。而孩子过分依赖他人，多数也是家庭环境和家庭教育所致。有依赖心的孩子，大多数都是没遇过挫折的，而且娇气，所以很多事情如果没有家长的协助，自己都不会做，这样就不容易融入社会，会妨碍孩子健全人格的发展。而自强是现在很多孩子缺乏的精神，这恰恰又是孩子成长过程中必不可少的"珍宝"。因此，从小要培养孩子具备自强的能力，是刻不容缓的。家长要让孩子从力所能及的事情做起，充分发挥其主观能动性，逐渐养成凡事靠自己去面对去解决的意识和习惯。

1.放手，是孩子自强的前提

父母都希望自己的孩子能够具备自强不息的精神，可是在现实中，有的父母抱怨孩子过于依赖父母，导致自己动手能力极差；有的父母抱怨孩子不求上进，没有远大的目标；有的父母抱怨孩子经不起一点困难和挫折，不能知难而进，总是知难而退，等等。可孩子不自强，究其原因不能只怪孩子，也许是父母的教育不当造成的。孩子们被家长宠着，本来应该自己做的事情，自己不去动手动脑，而是想让别人代劳，或是家长对孩子缺乏信任，对其做事总是持怀疑态度，这些原因积以时日，必然会造成孩子的懒惰，孩子的自主性被严重束缚，又何谈自强。

因此，家长要对孩子信任，克服"怕"的心理，学会适当地放手，这是自强的前提。比如：孩子跌倒了，大人尽量不要去扶，更不要在孩子哭的时候马上去哄，在这种情况下，就当没有这回事，让孩子自己爬起来，明白哭是没用的。同时，吃饭、穿衣也是这样，这样的事情越早让孩子自己做，对孩子成长越好。开始让孩子做事情家长要有耐心，别怕孩子做事慢，别怕摔坏几只碗。这样做了一段时间后，你会看到孩子进步的速度。

2.对孩子独立性的培养越早越好

为了培养孩子在现实生活中具有独立生存的能力，能独立面对挫折并较好地解决问题的能力，对孩子独立性的培养与教育越早越好。比如，从小就单独居住自己的房间，锻炼晚上独立睡眠；学会自己吃饭、如厕、穿衣服、整理床铺、收拾玩具；自己活动，锻炼独立生活能力。另外，还可以让孩子从小学会分担家务，例如打扫房间、替父母买东西等。同时，爸爸和妈妈对孩子的要求要一致，教养态度也应一致，每天进行反复练习，反复提示，严格要求。

3.培养孩子面对挑战的勇气

遇到困难和挑战时，不要认为孩子是弱小的而无法面对困难，而应该要多给孩子一些机会和时间，鼓励孩子用自己的力量去迎接挑战，要帮助孩子认识到自己的力量，告诉孩子："你的力量很强大，相信你一定行！"同时，还应该为孩子创造恰当的机会，通过积极的鼓励和赏识，让孩子感受到自己的力量，培养孩子的自强。此外，还应注意耐心回答孩子的问题，鼓励孩子去独立思考、独立处理问题，做错了要帮他分析错在哪里，对做正确的事立即表扬。及时转换思维方式，改责备为激励，帮他们树立自信。

4.进行体能上的磨炼，以铸造坚强的意志

为了克服孩子脆弱、柔弱的弱点，作为家长，应根据孩子身心发展和教育的需要，在日常生活中有意识地创设或利用某种机会，使他们形成对困难的承受能力和对环境的适应能力。例如，冬季来临时，鼓励他们早起晨跑、晨练，磨炼他们与严寒做斗争的意志和毅力；利用节假日带孩子徒步郊游、爬山、逛公园等，从而使孩子体验到劳累，体验到艰辛，使孩子在各种环境下受到挫折的磨炼。

第四章　培养能力，
有能力的孩子不依赖

25

相信孩子，他能管理好自己的事情

　　奶奶自从楠楠出生以后，就一直和他们一家三口生活在一起，平日里主要帮助照顾楠楠的生活起居。可以说，奶奶从小就很宠爱楠楠，只要是孙女的事情，奶奶一定尽全力不让孩子受一点委屈，只要是自己能做的，决不让孩子动手。

　　只要是奶奶在场的时候，楠楠向来都不会自己吃饭，奶奶一定要坚持亲自喂孩子吃。这种情况在孩子三岁前也算正常，可是现在孩子已经上幼儿园，都五岁了，奶奶还是这样做，这让楠楠的妈妈很是烦恼。

　　最近，妈妈还发现，偶尔奶奶不在面前的时候，楠楠其实是可以自己吃的，而且还会一边吃一边夸奖妈妈做的饭好吃。这时，一旦奶奶看到了，就会马上接手，不会给孩子这个自己吃饭的机会。有时候楠楠都明确表示不要吃了，奶奶却还是要再哄着她吃，或是追着喂。

　　有几次，妈妈实在忍不住，劝奶奶，说："其实楠楠已经长大了，她可以自己吃饭的。"可每回奶奶总是有她的理由，会说："小孩子本来吃得就慢，让她自己吃要吃到什么时候"，"再说了，让她自己吃不仅弄得到处都是，要是没吃饱你都不知道的"……于是，弄得楠楠妈妈反而不好再说什么了，只能任凭奶奶动手喂。

孩子心里的话

其实，奶奶不知道，我在幼儿园，每天和小朋友一起集体进餐时，都是我自己完成的。我每回都能把自己碗里的饭菜吃得很干净，而且还常常被老师夸奖我表现好呢！不过回到家里，在奶奶面前就不用自己吃饭，因为奶奶肯定会喂的。

家长该怎么办

很多家长总认为孩子年纪还小，这也不行，那也不行，不相信孩子。殊不知，家长的这种认识会直接影响自己的教养态度和教养方式，更关系到孩子的成长。所以，作为家长，要信任自己的孩子，相信他们可以做好自己力所能及的事情，这一点至关重要。

1.充分信任孩子的能力，激发孩子的内在力量

我们都会有这样的感觉，当感到被充分信任时，浑身会充满力量，有很强的动力去主动寻求解决问题的办法，而且相当自信。其实孩子更是如此。孩子是通过成人的反应来认识自己，了解自己的。如果父母从小给予孩子充分的信任，那么孩子就会唤醒并发展出这些内在的能力和品质，得以体验内心的自在和快乐，自然而然就形成了自信和解决问题的能力。

作为家长，首先要向孩子传递信任的信息，比如：经常通过眼神、表情等身体语言来表达对孩子能力的信任；授权并支持孩子按照他自己的想法去解决问题，为孩子提供练习的机会；在孩子解决问题后，无论结果是好是坏，都认可孩子的能力，并鼓励孩子。

2.相信孩子的美好品性

孩子生来带着很多美好的品质，比如纯洁、善良、诚实、友爱等。如果他们被相信是拥有这些美好品质的，并且得到肯定和鼓励，那么他们会将这些美好品质充分发挥出来，真正成为一个拥有诸多美好品质的人。如果孩子出现不说实话、打人等应对方式，父母首先要明确这与孩子的品性无关，只

是他们在压力之下的应对而已，要先了解原因，看看孩子的压力来自哪里，并进行适当调整。此外，家长在跟孩子的沟通中，应注意"对事不对人"的原则，一定不能贬损孩子的人格。

3.树立孩子自我管理的意识

一般孩子长到两岁以后，动作、言语都有了一定程度的发展，自我意识开始萌芽，这时的孩子往往会表现出很强的独立意识和自主的愿望，什么都要自己来。这种"我自己来"的愿望表现出一种原始的、寻求自我肯定的需要。在这种情况下，家长不要去压抑孩子，更不能说"你不行"，一定要懂得善于引导，多给帮助。

孩子是以别人对自己的看法来认识自己的，只要家长认为他行，孩子就自然会产生自信，就能主动去动手动脑，勇于探索和尝试，就能较快地发展。家长还要相信，每个孩子都有向上的心，这一认识也很重要，它能使家长在教育孩子时持有积极的心态，去支持和鼓励孩子，从而使孩子在其发展过程中始终保持一种乐观向上的情绪，并充满自信。

4.教会孩子自我管理的方法

父母在帮助孩子树立自我管理意识的同时，还要教给孩子自我管理的方法。其中，时间管理是核心内容，即善于合理分配并有效利用时间：让学习有效率，生活有规律，闲暇的时光有意义，并把这些培养成孩子的一种好习惯。

（1）制订每日计划

引导孩子清楚自己所拥有的时间，然后把它合理分配。让孩子在学习时间内集中精力，高效率地完成学习任务，而在闲暇时间上，应给予孩子大一点儿的自由空间，由他自己安排喜欢的活动。这样一来，不仅轻松达到了预先设定的学习目标，而且还极大地丰富了自己的课外生活。"管理时间"也要从小学习，先制订每日计划，而不是假期或是更长时间段的计划。比如上小学了，就要让孩子们自己制订计划和安排一天的时间，家长在身边要督促和监督计划的实施情况。

（2）监督孩子自我管理

孩子自我管理能力的形成要经过父母的帮助，这中间要经历一个比较长的时间。而且孩子的自控能力比较弱，有时往往不能抵御外部事物的干扰和诱惑，从而放松对自我的管理和要求，因此，需要父母有效的监督和检查。在这个过程中，不仅需要及时给予表扬和鼓励，同时，还需要及时给予善意的提醒，让孩子体验不良行为导致的后果的痛苦，从而锻炼孩子自我管理的约束力和意志力，坚定孩子自我管理的信心。

#

培养主见，让孩子说出"自己的想法"

　　上小学三年级的果果，有一天放学回家后，来到正在厨房做饭的妈妈面前，用低低的声音问："妈妈，你能给我20元钱吗？"妈妈先是一愣，因为果果平时就很乖，是个从不乱花钱的孩子，也很少主动向妈妈要零花钱，这次不知是为了什么事。见妈妈没回答，果果接着说："后天我们学校有一个舞蹈比赛，我报名了，但是为了演出效果，我想去租一件专业的舞蹈服。"

　　妈妈问："没听说你会舞蹈啊，是谁帮你编排呢？"

　　果果说："我要说了您可别生气，我前几天下午的自习课没上，自己找舞蹈老师让她教给了我一个独舞。"

　　妈妈很吃惊地问她："那你为什么不提前和我说呢？"

　　果果说："提前说，怕您担心我会耽误功课，不让我参加。其实，我只学了三天，而且都是选择没有课的时间，您放心，不会影响功课的。"

　　妈妈听到这里，笑着对她说："你已经是个大孩子了，很多事情可以由自己决定，妈妈相信你的能力！"第二天，妈妈带着果果一起去挑舞蹈服，并给她的表演指出了很多改进的意见。

 孩子的心里话

本以为这个事情我没有提前告知妈妈就自己先去做了，妈妈知道后一定会不高兴，并对我加以指责。谁知道当我和妈妈讲明实情之后，妈妈非但没有怪我，还那么信任我，并且陪我一起去选演出服，还在看了我的表演后，给了我很多的建议，这让我更加有信心去面对这次比赛了。

❓ 家长该怎么办

许多父母在孩子的成长过程中，往往会一边要求孩子听话，一边又会责备孩子做事没有主见，独立性差，什么事都要父母操心。但这是自相矛盾的，也是极为不现实的，更不应该用这样一种意识影响孩子。遇事有主见、敢作敢为的孩子和遇事只懂顺从、事事都要求助于父母的孩子相比，哪种孩子更好呢？

1.孩子太听话未必是件好事

只懂得听话，凡事依赖家长，缺乏独立思维，这虽然多少与孩子的自身性格有关，但家长过于强调"听话"的教育方式，也是导致这种情况出现的重要因素。这样的家长忽略了对孩子人格的培养，一方面要求孩子的言行与自己的"理想"保持一致，一方面又在生活上过度保护，造成了孩子过度依赖父母的心理，使孩子不能发展自强、自立、自主的人格，变得不自信，想象力和创造力也受到压制。

因此，父母不应该用这样一种意识影响孩子：只要顺从父母的意志就是对的，就是值得表扬的。家长需要教育孩子有自主的意识，不仅懂道理，遇事还要有自己的主见，同时还应该鼓励孩子敢想敢问，敢于表达自己的观点，这样的孩子才是心理健康的孩子。

2.孩子成长的历程实际上是逐步独立的过程

其实在很多时候，人们总是习惯性地想要操控身边人的命运，父母对于子女也是如此。做父母的常常会忘记，自孩子出生之后，他便是一个完全独立的个体，他有自己的思想，有自己的意志，他成长的历程实际上是个逐步独立的过程。

从心理学角度来讲，独立是一个人成熟的标志，它能促使人们更好地发挥自我、掌控自我，并实现自己的人生价值。父母在教育子女的时候，要尊重他们渴望独立的意愿，尊重他们的理想，并且肯定他们的能力。每个子女都要离开父母为他撑起的那一片天空，这是一个必然的趋势。所以，在与孩子相处的时候，父母们要记住：孩子的未来和一切，不是你能保证的，也不是你能掌控的。

要培养一个有主见的孩子，家长首先要做到放手，不要包办孩子的一切，放心让孩子去做，孩子自己的事情要让他们自己拿主意，做决定。这样养育出来的孩子，将来必然是具备独立性，遇事有自己的想法和主见的。

3.积极地鼓励孩子自己做决定

家庭承担着塑造孩子良好性格品质的主要责任，而良好的家庭环境有赖于父母去营造，良好的家庭教育更是需要父母去正确引导。如果家长能够经常积极地鼓励孩子自己做决定，就会发现孩子变得思维活跃，反应敏捷，并且越来越沉着、稳重。让孩子自己做决定，有利于锻炼孩子独立思考的能力。

对于一些确实没主意的孩子，家长也不必着急，可耐心地采取一些适当的教育方法，从而鼓励孩子自己做决定，帮助他成为一个有主见的孩子。

4.信任孩子

（1）不要压制孩子的主见

父母当然比孩子拥有更大的权力，甚至可以让孩子完全得不到任何权力，但这么做的后果就是造就一个没有主见、没有责任感而且脾气暴躁的孩子。疏导是比围堵更好的手段。而且，孩子拒绝父母要他做的事，不是要反对父母，只是想对自己的事有主导权。如果父母理解并尊重这一点，那么释放部分的权力对孩子的发展也是有利的。当你想用"听话"称赞孩子的时候，请根据实际情况选用别的词语。

（2）父母保持适当的权威

如果孩子所争取的是对他自己的自主权，而不是对父母的或其他人的管理权，那么他的要求就没什么不对。父母应将大人的权力保留在适当范围内，别将它过分延伸到孩子身上。但同时，也要让孩子尊重父母的权威。

（3）在家庭中，父母要丰富对孩子正面评价的词语

比如：勇敢、有爱心、懂礼貌、有创意等。当你想用"不听话"训斥孩子的时候，也请根据实际情况选用其他语汇，而且应该使自己冷静下来，对孩子正面地加以导向。

果敢决断，让孩子不冲动也不犹豫

　　轩轩今年已经四岁了，平时的确是个很听话的乖宝宝。但是唯一让妈妈觉得烦恼的就是，他从小就不果断，做任何事情总是看大人的脸色行事。比如吃东西、买东西时，妈妈也会征求他的意见，让他自己挑，可是他却总是犹犹豫豫，不能给出明确的答案。通常在这种情况下，他一定会说："我也不知道该怎么选，妈妈觉得好就行。"

　　再比如和小伙伴一起玩的时候，轩轩总是什么都听别人的安排，如果发生了矛盾，他就会为了讨好别人而委屈自己，说："你说怎么样就怎么样吧，我听你的就是了！"

　　每次看到这种场景，妈妈都会特别着急，也想了很多办法，希望轩轩能够变得果断、勇敢一些。有时候妈妈没有耐心时，也会加以指责，可他还是改变不了，反而越来越胆小，做事也越来越犹豫了。

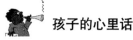

孩子的心里话

我最不喜欢的就是每次遇到什么事，都需要自己来做决定。可是，妈妈却总是要问我的意见，如果不回答，我怕妈妈不高兴，可是我又不知道该怎么回答，因为我担心，自己的决定万一是错的怎么办？如果自己的想法不够好，万一说出来被身边的人笑话怎么办呢？

家长该怎么办

1.明白孩子做事不够果断的原因

据心理学家的研究，一个人做事不果断性格的形成可以追溯到他的童年，很可能是父母影响的结果。通常，做事不果断的孩子总是害怕自己的选择会是错误的，总是担心自己的决定会被身边的人嘲笑。很显然，那些做事犹豫不决的孩子，之所以不敢做出决定，究其原因就是因为他们害怕做出错误的选择之后，要承担严重的后果。

孩子们在成长中，总会遇到一些需要自己去做选择的事情，面对这种情况，不同的孩子会有一些不同的表现。当孩子遇到一些难以选择的事情时，家长总是希望孩子可以勇敢面对，不要依赖旁人，自己做决定。这是家长们对孩子的一种美好的期待，可是对于某些孩子来说，他们面对选择时总会把求助的眼光看向父母，想从父母身上得到帮助。因此，家长要多站在孩子的角度去想一想，帮助他们养成面对选择时的果决性格，这样孩子才会逐渐地建立起自信心，去面对每一个选择，才能拥有果敢决断的素养。

2.对做事冲动、不计后果的孩子要及时纠正

大部分的孩子都有很强的好奇心，因此，有时并不能够预见自己行为的后果，往往就凭着本能行动。而孩子做事冲动、不计后果也是一种普遍现象，作为父母，经常会为此焦躁不安。当然，这种担心也不无道理，只是父母不要过于大惊小怪，而是要持正确的态度，帮助孩子纠正这种不良习惯。

首先，要明确是什么原因导致孩子行为的冲动。

有的孩子天生就是外向型，这样的孩子所表现出来的行为是活泼好动，遇到问题也易冲动。

很多孩子的行为方式是后天养成的，例如父母在孩子面前处理问题不冷静、太极端、冲动，孩子也会如法炮制。大多数孩子都属于这种类型。

孩子因为年龄小，好胜心强，对突发事件缺乏全盘考虑，往往就会表现得特别冲动，不考虑后果。

其次，孩子要克服做事冲动的习惯，除了自己必须具有坚强的毅力之外，更重要的是需要父母的辅助。有时候，父母因为对孩子的要求太高，会对过分冲动的孩子大发脾气，其实这很不利于孩子的个性发展。因此，身为成人，千万不要误认为强制教育、命令式打压才会对孩子有效，父母要更懂得自我控制，对孩子的关注和教育方式，必须根据孩子好玩、好动的天性而为之。

3.果断性格需从小培养

很多最后取得成功的孩子，往往是那些在他们遇到选择的时候，敢于果断作决定并付诸实践的孩子，即在困难面前，能明确而及时地做出决定。所以，从小培养孩子的自我决定意识，有益于孩子的性格发展，为人父母，应该高度重视这个问题，并且要善于在日常生活中不断培养。

（1）父母要当孩子的模范

孩子年纪尚小的时候，行为受情绪影响较多，也非常容易受外界影响，导致心理状态不稳定，不能控制自己，做事往往缺乏自主性，易冲动和盲目。因此，父母在孩子面前要先学会自我调适，用自己的乐观开朗、积极向上、坚毅沉着的品行来潜移默化地影响孩子。同时，父母之间的矛盾不要暴露在孩子面前，否则孩子会无所适从，不知道谁对谁错，久而久之形成性格上的游移不定。

（2）给予孩子所需的自由和个性发展空间

从性格上来看，孩子需要很大的自由和个性发展空间，而父母强制的教育方式却不益于孩子的性格发展。首先，在日常生活中，有些事情可以让孩子自己决定的就让他自己决定，以免孩子养成依赖心理。而对于孩子的果断精神和行为，父母要善于鼓励和褒奖。

再则，孩子冲动地做完一件错事后，会有深深的悔意，非常害怕，非常自责。这时，父母应该尊重、留意孩子的感受，分析原因，用自己的经验让孩子明白事情的危害，必要时可让孩子承担他可以承受的责任。

（3）孩子的行为需要通过训练来改善

放手让孩子去做力所能及的事。孩子的特点是好奇好动的，一般都愿意参加一些活动。凡是孩子能够做到的，父母尽量不插手，给孩子足够的时间去思考、尝试，发现自己的能力。孩子感觉自己有能力去做好某件事，就会果断地去做。

创造机会，鼓励孩子下决心。一个人在做出一个决定之前，需要考虑利弊得失。父母应在一定范围内给孩子充分自主的机会，让孩子有自我决策和选择的权利，凭自己的思考、能力去决定做什么事，如何做。

正确评价孩子做的事。父母对孩子要求不要过高，要多鼓励、少批评。对孩子竭尽全力也没做好的事，父母要给予理解，还要告诉孩子：没关系，以后再慢慢努力！家长正确的评价，可减轻孩子的心理压力，下次做事，他会再一次鼓起勇气去做。

给予孩子必要的帮助。对于较难做的事，父母应同孩子一起去做，并给予适当帮助，教孩子逐步学会一些克服困难的方法和技巧。孩子有了成功的经验，就会增强自信，做事果断。

28

以身作则，过段时间就反思自己的得与失

情景再现

　　妈妈常会带着宁宁到姑妈家做客，因为姑妈家的孩子只比宁宁大两岁，他们从小就是一对好朋友。有一次，妈妈和姑妈在厨房里做饭，宁宁则是在小姐姐的房间，和小姐姐一起玩游戏。

　　没过一会儿，妈妈就听见一声巨响，于是和姑妈一起赶过去看看发生了什么事情。原来是房间内的一个瓷娃娃被打碎了。这时，妈妈马上问宁宁："这是怎么回事，瓷娃娃是谁打碎的？"宁宁先是犹豫了一下，然后说："不是我打碎的。"这时姐姐却伤心地哭了起来，说："这个是我最喜欢的玩具，是妈妈特别为我买的生日礼物呢！"

　　见到姐姐哭得那么伤心，宁宁也低下了头，妈妈看着她心虚的样子，就已经猜到了这件事情是宁宁做的，可是妈妈并没有马上揭穿，而是走过来，温和地问："宁宁，还记得妈妈平时和你讲过的那个诚实守信的故事吗？"宁宁点了点头，妈妈接着说："如果你最喜爱的一件玩具被别人弄坏了，然后那个小朋友不但不向你道歉，反而还不承认是自己做的，你会怎么样呢？"宁宁不假思索地说："我会很难过。"妈妈接着说："那假如你是那个弄坏别人东西的孩子，你又应该怎么做呢？"

　　宁宁没有说话，过了片刻，她哭着对妈妈说："妈妈，其实刚刚是我不小心把这个娃娃碰倒的，而我骗了妈妈，是我错了。"听见孩子真诚的述说，妈妈很欣慰，然后告诉她，只要能主动认错，并向小姐姐道

歉，姑妈和姐姐就会原谅她的。于是，宁宁马上向姐姐说了对不起。

孩子的心里话

刚刚妈妈和姑妈走过来，问地上的娃娃是谁打碎的，我当时因为太害怕，就没有承认是我不小心弄坏的。但我看到姐姐因为心爱的玩具被我弄坏了，哭得那么伤心，我就后悔了。而且，妈妈说得没错，如果是我的玩具被别的小朋友弄坏了，我也一定很难过，并且那个小朋友如果也像我现在这样，做了错事却不承认的话，我一定更生气，下次再也不和他玩了。

家长该怎么办

自我反省的能力是人们一种内在人格智力，是认识自我、完善自我、不断进步的前提条件。对孩子而言，还尚未形成完备的自我意识，自我反省的内在人格智力还处于萌芽阶段，因此需要家长正确引导，从小培养孩子的自我反省能力。遇到困难和挫折时，能够及时调整自己的情绪，积极进取，才能渡过一次次难关，一步步走向成功。培养孩子的自我反思能力，家长不妨借鉴以下几点。

1.注重良好的沟通氛围和方式

当孩子做错事了，大人不要一味给予指责，这样易引起孩子的反感，对家长产生抵触情绪，使孩子内在智力的发展受到限制。这时，家长可采用冷静的态度，从侧面引导孩子进行自我反省，明辨自己的过失。比如要以关心、冷静的态度对待，可以先倾听孩子的解释，再给孩子指出这样做是错的，并相应教导如何才是对的，在对与错之间对比，让孩子懂得该事件的对与错，帮助孩子进行总结经验教训，进而自我反省并认识错误，使之不断进步。

2.家长要做自我反省的表率

生活中，大人也难免有做错事，或是有不如愿、不如意的时候，当这种情形出现之时，尤其在孩子面前，自己也要勇于承认，然后反过来检查一下自身，反省和分析自己哪里出了问题，该如何改正。这时，即使孩子对具体事物并无真正的判断能力，但当孩子看到大人这种积极正面的态度，也会受到感染，从而也会给孩子起到一个良好的带头作用。

3.营造公平对话平台

大人和孩子的关系角色，其实可以是平等的，不要在态度上凌驾于孩子之上，这样会使孩子有话不敢说，对大人的评批还会产生抵触心理。这就包括了前面所讲的良好的沟通氛围和方式，是建立在关系角色公平的基础上的。同时也包括大人的自我反省，比如让孩子知道，犯了错没关系，爸爸妈妈会和你一起面对，一起努力，并帮助你一起改正。

4.让孩子自己承担犯错的后果

孩子做错了事，许多家长常常替孩子去承担犯错的后果，使孩子觉得做错了也没关系，丧失责任心，这非常不利于培养其自我反省的能力，使他以后容易再犯类似的错误。所以，父母不要事事为孩子承担，孩子做错了事情，要鼓励孩子认真分析，源于自己的错误行为一旦犯错，将会造成不良甚至严重的后果，而自己要主动承担。

同时，父母还要允许孩子为自己辩解，当然，给孩子辩解的机会，并不是教孩子推卸责任。孩子在辩解的过程中，不仅让父母了解到了事情的真实情况，还锻炼了孩子的反省能力。促使孩子通过自我反省，区分好坏、是非、对错和美丑，让他懂得羞愧和内疚，勇于面对和改正错误。

驾驭情绪，别让冲动的魔鬼丧失理智

九岁的小军，今年是个小学三年级的小男孩，他的学习成绩一直都很优秀，做任何事情都非常认真，唯一不好的就是，小小年纪的他非常容易急躁，脾气也很大。

比如，在课间与同学玩耍时，常常会因为一些小误会或是遇到不开心的事情，就立刻发脾气，动不动就发火，有时还会动手打人。最后导致他在班级上不是一个受同学欢迎和喜欢的人，这让老师和爸爸妈妈都极为苦恼。

上个周末，因为父母不同意他在星期天到游乐园游玩，他感到非常愤怒，就冲回自己的房间，把书桌上的东西全都扔在了地上，之后又倒在床上大哭，弄得爸爸妈妈一点办法都没有。

 孩子的心里话

我自己也很苦恼，很想做个好孩子，也希望和班里的同学相处得好，让大家都喜欢我。但我脾气一上来时，压都压不住，往往事情过后自己也很后悔，可我就是无法控制自己的情绪。

家长该怎么办

情绪调控能力是情绪智力的重要品质之一，这种能力能使孩子及时摆脱不良情绪，保持积极的心境。孩子能够充分地、合理地表达自己的情绪，正是孩子心理发育基本健康的标志。由于孩子对自己情绪的控制能力比较差，情绪表达方式难免会有偏颇，他们时不时地发"小脾气"是常见的事情。父母可以根据具体情况帮孩子疏导和分析，鼓励孩子用语言表达自己的情绪，告诉他遇到问题时要讲道理，说缘由，而不要动不动就乱闹、发脾气，让孩子学习控制情绪，使孩子养成良好的情绪表达习惯。

1.让孩子认同自己，有情绪空间

要让孩子喜欢自己，家庭要给孩子认同感。父母是孩子的模范，父母首先要学会管理自己的情绪，不把不良情绪带给家庭、带给孩子，要塑造出一种安全、温馨、平和的心理情境。用欣赏的眼光鼓励自己的孩子，让身处其中的孩子产生积极的自我认同，获得安全感，让其能自由、开放地感受和表达自己的情绪，使某些原本正常的情绪感受不因压抑而变质。

2.让孩子认识情绪，表达情绪

平时，在自己或他人有情绪的时候，父母可以通过亲子之间的对话，告诉孩子自己的情绪来源，让孩子正确认识各种情绪。同时也可以通过向孩子提问的方式，引导孩子表达自己的情绪，并说出自己心里此时此刻真实的感受，这样有利于提高孩子的情绪敏感度。

3.让孩子体验情绪，洞察他人情绪

游戏在幼儿的心理发展中起着重要作用，要让孩子在丰富多彩的游戏活动中体验自己的情绪，感受别人的情绪，知道自己和他人的需要。除了父母与孩子要交流自己的情绪感受外，还可以透过说故事编故事、角色扮演和孩子讨论故事中人物的感觉、前因后果，并利用周围的人、事物，来引导孩子设想他人的情绪和想法。从他人的情绪反应中，孩子会逐渐领悟到积极情绪能让自己和对方快乐，消极情绪会给自己和对方造成痛苦，不利于事情的解决。如果幼儿在表达情绪与控制情绪之间取得平衡的话，便能以建设性的态度表达强烈的情感，而且控制对自己、对他人有伤害的情绪表达方式。

4.让孩子学会乐观地面对生活

积极的情绪体验能够激发人体的潜能，使其保持旺盛的体力和精力，维护心理健康。为此，学会保持乐观的生活态度与情绪，对孩子来说是十分重要的。作为父母，要培养孩子乐观地面对人生，自己首先对生活要有一种乐观的态度。孩子的情绪受父母行为的直接影响，在教育孩子学会乐观地面对人生时，除了多与孩子交流，培养孩子的自信心之外，还有一个很重要的方面，就是首先父母要相信自己的孩子，给予鼓励和支持。更重要的是要帮助孩子进取，克服一些他现在克服不了的困难，只有这样，才能教会孩子以正确的态度和措施保持乐观。

5.教会孩子适当宣泄不良情绪

人在精神压抑的时候，如果不寻找发泄机会宣泄情绪，会导致身心受到损害。可见，在悲伤或愤怒的时候，用力压抑自己，忍住泪水是不合适的。当然，不一定要采取大发脾气的方法，可以采用适当的宣泄也是必要的。因此，父母要学会接纳孩子情绪表达的多面性，情绪表达的各种面貌都蕴藏着情绪转化的可能性，唯有正视情绪表达的所有面貌，并且能够驾驭，健康的情绪发展才有可能。

6.倾听并和孩子一起寻求解决方案

当孩子有了负面情绪的时候，最需要的是得到他人的理解和包容。爸爸妈妈应该先安抚孩子的心灵，让其冷静下来，听听孩子的想法，而在他讲述的时候，你要耐心倾听，认同他的情绪感受，然后找出发脾气的原因。把事情的本质找出来，再耐心地教他怎么做，分析不对的地方。在孩子的情绪得到了安慰后讲道理，比一遇到问题就说教，效果要好得多。随着年纪的增长，孩子慢慢就会学会自己解决问题，到那个时候，做父母的就只需要认真倾听，并且认同他们的感受就可以了。

7.孩子成功控制住情绪时要及时鼓励

在你的引导下，孩子逐渐会学会控制情绪，当你发现孩子在情绪管理方面比以前有进步，那么就要及时给予鼓励，这样孩子就会进步更快。

把握行为，不能自控就是脱缰的野马

小涛从小就是一个爱玩、好奇心极强的小男孩。最近一年，他对上网玩游戏就产生了很大的兴趣，每天放学回来，只要有点闲余的时间，他就会坐在自己的房间里玩上一会儿。

虽然，一般情况下，妈妈还是比较体谅儿子爱玩的天性，不会过多地去责备他，或是禁止他玩。但是，妈妈不想让小涛对网游产生迷恋，从而一发不可收拾，耽误了功课。

于是，有一天晚饭过后，妈妈把小涛叫到身边来，对他说："妈妈可以让你每天玩一会儿，但我是有要求的，你要答应妈妈，每天一定要先完成作业，然后由妈妈检查。如果你完成得很好并确定没有错误了之后，允许你玩一个小时，如果出现了三处错误，那就只能玩45分钟；当然如果你出现的错误超过三处以上了，那就不可以玩了。这个要求你能答应并做到吗？"

小涛想了一下，然后对妈妈说："好的，我答应妈妈。"

 孩子的心里话

虽然我是很喜欢玩游戏，但是我觉得妈妈说得很对，我也不希望自己因为玩游戏而耽误了功课，最后让自己的学习成绩下降。所以，这个要求我可以做到。

家长该怎么办

孩子能不能控制自己的行为是非常重要的。一个孩子如果没有自我控制能力，就会盲目行事，很难做好与自己的发展密切相关的事情。这就需要父母在日常生活中，有意识地帮助孩子建立一个判断是非好坏的标准，让孩子明确什么是可以做的，什么是不可以做的。这样，孩子才能认识到自己行为是否正确，才能学会控制自我。

1.真正的自律来源于自由基础上的自主

家长在教育孩子时，是需要超乎寻常的耐心和创造性的。培养孩子的自我控制，目的不是让孩子一味地听从家长的指令，如果家长的管束策略是专制、简单粗暴的，期望和要求常超出了孩子所能达到的自我控制的限度，孩子就容易变得恪守信条，不知变通，性格也会变得怯懦、内向、压抑并缺乏自信，最不容易形成自我规范的意识。

因此，作为家长，更重要的是让孩子学会自我规范，把家长需要达到的教育目标、外在的约束力转化为孩子的内在要求和自觉行动，促进孩子理解规则的意义，体验服从规则的益处和快乐，并在任何场合都能自觉地控制行为，遵守规则。这不仅有利于孩子自我约束意识的形成，以及自我管理能力的提高，也可以使孩子更好地适应竞争日益激烈的社会。

2.家长自身的行为方式，对孩子的榜样作用至关重要

如果家长在日常生活中坚持原则、注重自我约束，并体现在行动上，就会对孩子学会内化规则起到强有力的模范作用。家长的行为是孩子模仿的对象，如果家长喜怒无常、做事随心所欲、不考虑后果，孩子就容易放纵自己的行为，缺少规则意识。

3.通过制定家庭规则，指导家庭成员共同遵守

例如：进别人房间前要先敲门；晚上不能太晚回家；未经家人同意不能在外留宿；下棋、玩游戏要按规则决定胜负；说错话或做错事时要礼貌道歉；看电视时不要干扰别人，等等。即使家长违规也要自觉受罚，让孩子懂得规则的严肃性。当然，父母在制定规则的时候，要在平等的基础上，跟孩子讲清楚为什么要这样，比如，未经家人同意而在外留宿会让人担心，等等，这样孩子会比较好接受。

4.延迟满足，让孩子学会等待

孩子的天性活跃好动、好奇心强，容易受诱惑，让他们静静等待是一件很难的事情，而活动才是他们认识客观事物的主要方式，这种现象也是很正常的。所以，孩子缺乏自控多半不是孩子的错，正确认识和看待这一点对于家长来说很重要。因此，自我控制的培养需要从小开始，让孩子学会等待是第一步。

可是生活中，许多家长对孩子往往会有求必应，而且总是尽可能快地满足孩子。这样的溺爱，容易惯出孩子的骄横性格，还使孩子失去了锻炼克制

冲动、约束行为的机会，容易经不起诱惑。实际上，任何事情的成功都是以牺牲暂时的快乐为代价的。比如，告诉孩子如果你今天少吃一块糖，明天可以吃两块；如果要取得好的成绩，就必须放弃一些娱乐，抓紧时间学习等。让孩子能够等待，推迟自己的欲望得到满足的时间。这对一个人获得远见、学会自律、明确目标、取得成功有着不可忽视的意义。因此，培养延迟满足的能力十分重要。

独立能力，能自己做的就不给人添麻烦

情景再现

周末，星星和小伙伴们约好要一起去好朋友家里玩。一进门，便听到了一片欢笑声，气氛顿时热闹起来。

这时，妮妮说："正好，我昨天向姑姑学会做水果沙拉了，可好吃呢！今天我给你们露一手，好不好？"于是，小伙伴们纷纷拍手叫好，接着，妮妮又说，"那你们谁愿意帮助我一起做呢？或者你们先说说，自己可以干些什么吧！"于是，大家争先抢后地说："我会洗苹果""我会切水果片"……

然后，妮妮问："星星，你呢？"大家都望着他。星星难为情地低下头："在家都是妈妈来做这些的，我都没做过，我也不会做。"此刻，星星的声音几乎低得快听不见了。于是，大家说："算了算了，那你就负责帮大家摆餐具，等着吃沙拉吧！"这时候，要是地下有个洞，星星肯定会钻进去躲起来。他觉得很没有面子，竟忍不住大哭起来。妮妮走过来，轻轻地对星星说："星星，别哭了，不会的东西可以学，我妈妈说了，只要认真学，总能学会的。"于是，妮妮就开始教他把袖子挽高洗水果。

很快，水果沙拉做好了，小伙伴们嘻嘻哈哈的，星星也吃得特别开心。晚上，星星正在看电视，爷爷拿了个红红的大苹果递过来："乖孙子，来吃个大红苹果!"星星一本正经地对爷爷奶奶宣布："我会洗水果了，以后我要自己洗水果吃。"爷爷愣了一下，马上哈哈大笑起来，他抱起星星，亲了又亲："嗯，我们的小星星长大了，会自己做事喽!"

 孩子的心里话

其实我是一个很勤快的孩子，也想帮妈妈做家务。每次看见妈妈在厨房里热火朝天忙碌的身影，我都会想：妈妈太劳累了，我帮妈妈做吧! 于是我便跑到妈妈身边，说："妈妈，您歇一会儿，我来帮您做吧!"没想到妈妈头也不抬地回答："不用了，我自己就可以了，你现在还小，这些活都不适合你做。你的责任就是学习，周末还要做好多事呢，要做作业，要学画画，就别操心了。"于是，我找不出理由来反抗妈妈了，只好闷闷不乐地回到自己的房间。久而久之，也就什么家务都不会也不想去做了。

家长该怎么办

家长在培养孩子动手能力时，可以先从简单的动作技能入手，逐渐过渡到掌握复杂的生活技能。这种循序渐进的引导方式，不但可以让孩子增强独立生活的能力，还可以增强孩子的自信，让孩子面对新问题时不至于手足无措，会沉着理性地开动脑筋，解决难题。所以作为父母，要放开两手，变代替代做为少替少做。家长会发现，我们的孩子都是很能干的，他们一点儿也不笨。

家长们可以尝试送给孩子一句话：自己的事情自己做。从早晨醒来的第一件事开始，家长就要不断尝试应用这句话了，比如孩子已经拥有了独立穿衣的能力时，有时会因情绪原因让家长帮着穿，这时家长可以温和地告诉孩子："自己的事情自己做好吗? 因为你完全可以做好这件事，不妨试一下，妈妈相信你是最出色的好孩子。"所以，不要小看这句话，这可是引导孩子走向独立非常关键的一句话。请各位家长不妨尝试去应用，但一定要讲究艺术性，不要下死命令，让孩子去做。

在成人看来微不足道的小事，却对孩子独立意识和能力的发展有着非常重要的意义，它影响着孩子走向独立的信心和进程，家长一定要以积极的语言和行为鼓励孩子大胆尝试自己没有做过的事，要经常对孩子说"自己试一试""我相信你能做好"。同时要给孩子一些具体的指导和帮助，让孩子掌握一些必需的技能。

当孩子遇到困难或挫折时，更要注意鼓励、支持和引导孩子，而不能急功近利，打击孩子的独立愿望，或者包办替代，剥夺孩子的锻炼机会。良好的开端是成功的一半，孩子在开始时所体验到的成功和快乐会转化为内在的信心和动力，从而促进他进一步做出努力，进而增强独立意识，提高独立能力。

时间管理，安排自己的时间"惜寸金"

　　正在读小学的小强最近越来越没有时间观念了，做事十分拖沓。一次，爸爸让他去楼下买袋盐，家里等着做菜用，可他竟然用了一个多小时。原来他在买东西的过程中，遇见了几个小伙伴，自顾不暇地玩了起来。

　　其实，小强从懂事开始就出现了做事拖沓的现象，当时家人并没有在意，以为只是孩子贪玩，过段时间自然就好了，可是没想到小强越来越不守时，没有一点时间观念。有时候，早晨爸爸妈妈催小强去上课，叫了好几遍都不起床，非得快要迟到了，他才不情愿地匆匆赶去学校，连早餐都来不及吃。因为这个事情，父母还打了他好几次，可还是一点效果都没有，下次，小强依旧磨磨蹭蹭地不肯起床。

虽然上学迟到没有时间概念，让爸爸妈妈很生气，但最让爸爸妈妈生气的是，有一次和邻居一家人说好一起外出游玩，本来商量好是上午十点出发，下午三点就可以到达目的地，家长叮嘱出去玩的小强一定要按时回来。可是到了约定时间，小强却没回来，眼看已经过了约定时间一个多小时，小强仍然没有回来。

无奈之下，父母只好到处找他，经过两个多小时的寻找，终于在一个商场里发现了他。原来他被商场里举办的表演节目给吸引了，这时已经过了约定时间，一家人的旅行计划泡汤了，还害得邻居一家人也没去成，这让爸爸妈妈十分生气，回家之后，狠狠地教训了小强。

 孩子的心里话

以前我还没觉得自己有这个坏习惯，直到同学们开始叫我"蜗牛"时，我才注意到，原来我做事情比其他同学都要慢半拍。每天顶着"蜗牛"的称号，我的感觉真是不怎么好。在学校上体育课的时候，很少有同学愿意跟我一组活动，他们都嫌我动作慢慢腾腾，怕我拖他们的后腿。

记得从上幼儿园开始，每当我有做不好的事情，妈妈都会在旁边告诉我：做事情要慢慢来，不急不慌地做好就行。等到我做熟练之后，妈妈也会提醒我："做事情别风风火火的，稳重点儿才好。"渐渐地，我做什么事情都快不起来了。我又不是皮球，想让我慢我就慢，想让我快我就立刻能快起来？

早晨起床穿衣服总是嫌我慢，妈妈越是催我，我越是着急，连鞋都穿不上了。最后只能让妈妈帮忙。说实话，我也知道我做事情太慢了，可是我真不知道该怎么改掉这个坏习惯。尤其在上学之后，才发现有这么多的事情要做，才发现自己越来越慢。妈妈，您帮帮我吧！

？ 家长该怎么办

对于像小强这样没有时间观念的孩子，父母们该怎么办呢？家长一方面应当监督孩子，在日常的生活中让孩子学会在规定的时间内做完一些事情，当孩子分心时，及时提醒他们还有事情要做，要抓紧时间；另一方面，可以让孩子多和一些有着良好习惯的朋友交往，让孩子在交往的过程中受到潜移默化的影响，从而改变拖沓懒散的习惯，养成守时的好观念。

可以教孩子学会把一天的时间安排分为上午、下午、晚上三个时段，再根据事情的轻重缓急来安排自己要做的事情。由于是自己制定、自己做主的，孩子往往能够积极主动地执行。即使暂时忘记了，经过大人的提醒，"现在几点钟了？""现在该做什么事情了？"他会很不好意思，"对哦，差点忘记了"，赶紧自觉执行计划表的内容。孩子自己制订计划表，能够让他明白时间的重要性，计划好的事情要按时完成，否则后面的计划就无法完成。制订计划表，可以有效地培养孩子的时间观念，珍惜时间。

有了"时间"这根无形的指挥棒，可以让孩子从小就养成有规律的生活习惯，孩子也比以前更"听话"了，做事也不会那么磨蹭了。以前孩子做事也许总是爱拖拉磨蹭，引入"时间"后，只要孩子想故意磨蹭，家长就可以指指墙上的时钟，或者问他现在几点几分了，孩子就会明确时间，做自己该做的事。

用规律生活来培养孩子的时间观念，需要家长的身体力行，如果家长本身的生活就没有规律，孩子在认识时间、遵守时间方面就会无所适从。只有规律的生活作息，才能使幼儿对"时间"这个抽象概念有深刻的认识和理解。

如果刚开始孩子还没有时间观念，在做某件事情前家长要和孩子约定好时间，这样可以减少不必要的冲突和亲子关系危机。由于都是事先约定好的，到了约定的时间，就一定要遵守约定。可能刚开始孩子会耍赖，家长可以事先承诺：如果遵守约定，将会得到一定的奖励。有了奖励的刺激，孩子会更认真地遵守约定。例如看电视，约定好这个节目结束或看20分钟，等到时间到了或演完，让孩子自己关闭电视机。对于"屡教不改"的孩子，家长可以和孩子比赛"遵守约定"，互相监督。不管是谁，没有遵守时间的，就要受到一点小惩罚，而遵守约定的人可以得到奖励。有了比赛这一动力，孩子会积极争取胜利，遵守约定就在游戏中做到了。

空间管理，让儿童有自己的小天地

情景
再现

　　贝贝眼看着一天天长大，却从来没主动收拾过自己的屋子，每次进入她的房间，基本都保持着原来的样子。寒假开始了，贝贝又可以在家玩个痛快了。可是每次她都把书本、玩具丢得到处都是，连她心爱的玩偶也找不到了。

　　哎呀，她踩在了一大堆杂物上，还摔了个大跟头！一些课外读物也堆得乱七八糟，想看的书根本找不到！担心的妈妈和爸爸决定召开一次家庭会议，要求贝贝每天收拾好自己的房间。"这有什么困难的！"贝贝拍着胸脯说。"必须是每天哦！"爸爸不忘提醒一句。"必须收拾得整齐！"妈妈补充说。

　　可是，第三天的时候，贝贝的房间又恢复了原来乱糟糟的样子。贝贝还满不在乎地对妈妈说："我喜欢这样的房间！"可看到爸爸妈妈的房间收拾得整整齐齐，贝贝脸红了。有什么收拾房间的秘诀吗？当然有！妈妈说道，秘诀一：记住物品摆放的位置。秘诀二：东西使用完后，放回原处。"这些其实我也能做到嘛！"贝贝小声地说。果然，从这天开始，贝贝的房间也变得整齐干净了！

孩子的心里话

我就是不爱收拾房间嘛，收拾房间是一件很麻烦的事情。有那么多的东西要整理，因为学习比较紧张，所以我的房间乱得像个"猪窝"。再加上我又有"丢三落四"的坏毛病，现在越来越乱，爸爸妈妈为了这件事成天在我的耳边唠唠叨叨个不停。因此，我的克星也就成了"收拾房间"。

其实呀，"收拾房间"也不是什么难事，我怎么就因为一点小小的挫折就打退堂鼓，放弃了生活中必须做的事呢？我心想：只要我克服困难，坚持不懈，总有一天，我最不喜欢做的事"收拾房间"，会变成我最喜欢做的事！

家长该怎么办

日常生活中，大家通常认为儿童处于心理还不成熟的时期，不具备自我活动的自主意识。然而实际恰好相反，从儿童心理、行为学的角度看，虽然儿童的行为判断意识薄弱，但是他们对于外界刺激具有强大的反应力：因为他们周围绝大多数事物对他们而言都充满了新鲜感，都能够激发他们强烈的探索欲望，他们任何时候都可能为一个不起眼的事物而兴致大起，开始全力以赴的"破坏性游玩"。因此儿童需要一个自由不受限制的活动空间游戏。

儿童行为的多变，以及面对外界事物的自主反应使他们的行为往往显得捉摸不透，极具创造性。著名儿童心理学家皮亚杰和维果茨基都认为儿童是在积极探索环境的过程中不断获得新信息和新规则的。因而具有创意性的游戏设施设计更能与儿童强大的创造力迎合，也更有助于激发儿童的再创造能力与智力的开发。

另外，如果有条件提供给孩子私属独立空间，开辟一个活动的天地，让他们尽情地玩，从中培养成自我管理的能力，并形成自己的性格。

儿童私属空间的设计，可以根据孩子的性别、年龄、爱好而做出相应的改动，不过在整体方向上，也有一些需要共同注意的地方。

活动区域要选择木质家具，各种家具表面要光滑、牢固的同时，家具的抽屉要特别厚，不易被孩子开关翻弄东西。为了预防跌倒，地上要铺很厚的地毯。灯光要柔和，使睡在床上的孩子免受强光刺激。此外，墙壁要裱上色彩漂亮的壁纸，或在墙上钉几张适合孩子看的卡通画，增加气氛。

房间里既要有适合玩耍，又要有供他们看图、写字的地方，还要摆上一些玩具等。考虑到让他们独立生活，房间的布置应该比较齐全，书桌、书柜是不可少的。

第五章 学会理财，
经营人生从小算细账

34

规定时限，孩子的零花钱自己做主

甜甜在上课外学习班的途中，路过一个卖冷饮的摊位时，买了一个棒棒冰。上完课回家路上，看到了一个游乐场地，有很大的卡丁车赛道场，不过很贵，30元10分钟，甜甜很想玩，于是，自己跑去买票处，毫不犹豫地打开包，摆出来一摞硬币，售票处的管理员一边数钱一边问她："零花钱吧，怎么不存着了？"甜甜说："家里还有呢。"

于是，一天的时间，甜甜就把自己的零花钱花完了。她不知道，等家里的零花钱都花完了，她还能去哪里找这些零花钱呢？

 孩子的心里话

爸爸妈妈因为怕我在紧急情况下没有钱打电话给他们，所以给我一点零花钱，这会让他们有一些安全感。零花钱有好处，也有坏处，好处就是可以买东西给自己。坏处就是如果我有钱，看见自己喜欢的东西就会买来，不管是不是很需要它。而且钱还花得很快，但如果没有钱，我什么东西都不能买。对于零花钱，我只知道如何去花，从来没想过该如何去保管零花钱，让零花钱花在合理的地方。

家长该怎么办

1.培养孩子的理财能力

培养孩子合理管理自己的零花钱，这不仅仅是让孩子形成合理的消费观、理财观，更重要的是让孩子在今后的生活中可以更好地自立。教孩子管理零花钱的问题其实可以归结到培养孩子财商的问题上。要慢慢让孩子知道，钱，不是爸爸妈妈凭空变出来的，要把它用到最需要的地方。

2.教孩子学会为目标而储蓄

教孩子学会理财的一个重要方面是让孩子学习储蓄的方法。对于孩子们来说，如果他们有自己购买的目标，或是想买他们认为很重要的东西，存钱就更有意义。鼓励孩子设立短期目标，让他们存入零用钱，两三星期后就能买到他想要的东西，诸如玩具、书籍和学习用品等，然后让孩子转向更大的目标，存钱几个月，乃至存上一年，才能实现更大的目标。之所以采用该方法，是让孩子觉得目标和进展离他们并不遥远，通常把他们的注意力集中在目标上，而不是把零钱乱花在其他东西上。通过储蓄的过程，孩子得到的绝不仅仅是他向往已久的一辆脚踏车或一个会说话的布娃娃，他还得到了能够让他终身受益的意志力和计划性，这可就不是用金钱能够衡量的。

3.该如何给孩子零花钱

年龄越小，间隔越短。孩子年龄越小，计划与控制的能力越差，因此，给零用钱的间隔应该越短。一般说来，10岁前的孩子一周给一次，10岁以后的孩子可以酌情半个月、一个月给一次。

零用钱的发放最好定时定人，如每周一发放，类似工资的发放形式。在这个时间发放，可避免周末发放迅速赤贫的现象；定人发放，保证孩子只能从一个渠道得到零花钱，可防止孩子冒领。

给多少零花钱，给孩子的零花钱数量要看孩子的年龄水平(通常的"周薪"是0.5~1元乘以孩子的年龄。以5岁的孩子为例，每周给他2.5~5元)，另外要考虑与他的同伴大致相当。零用钱可效仿成人薪酬的结构工资制，由基本工资与额外的奖金构成。除每周固定的"基本工资"外，孩子可通过某事的出色表现获得奖励。这样，孩子会慢慢领会到，只有靠劳动与努力才能赚到更多的钱。

4.父母要注意的原则

零用钱应当定期、准时、快乐地交到孩子的手中。孩子越大，父母越应该自觉地按时、亲手给子女零用钱。定期性是孩子们学会花钱规则的关键所在；应尽可能少地把零用钱预付给孩子。按照事先商定好的数额，不多不少地发给孩子零用钱能让他们学会用收入来平衡支出；零用钱的数额应根据期望孩子用它做些什么来定；父母应对孩子的花钱行为进行约束，特别应明确规定钱的特殊用途并严加监督，以便让他们的消费习惯符合家庭的规定及家庭价值观；随着孩子年龄的增长，可以逐步增加让孩子可自由花费的零用钱，以便让他们能够学会如何在花钱时做出正确的选择；不要用零花钱去购买孩子们对父母的爱。

35

合理花钱，先给予孩子精神财富

天天小的时候，对金钱没有任何概念，亲友给的压岁钱，也都是很自然地交给父母。有一次，当他突然提出想要拥有自己的零花钱时，爸爸妈妈感到非常吃惊。

后来考虑了一下，父母提出了天天得到零花钱的具体要求：钱暂时不交给他自己保管，而是由父母帮他在台历上记账。在家对他实行打分管理，结合在学校里的表现，每天可以得星、扣星，如果一周得星是正数，则本周可得一元零花钱，否则没有。

在有挣钱作为动机之后，天天做事都开始有动力了，看到账上的星在增加，天天的话题变得开始和零花钱有关，并且计算着时间看自己什么时候能攒下更多的零花钱。

 孩子的心里话

我很想有自己的零花钱，可是爸爸、妈妈不给，理由是我还小，有了钱也花不好。为此我很不高兴。于是，我就只好开始自己想办法解决这个问题了。比如说，我发现收集咱家里没用的纸箱、盒子、纸等废品卖掉它们，就可以获得卖得的钱了。现在因为爸爸妈妈制定的新规矩，在学校里我也努力表现，多得星星。这样也可以换算成我的零花钱，这种自己"挣"钱的感觉真的很好。

家长该怎么办

1.不同阶段，给不同数量的零花钱

父母对孩子的成长历程要分阶段规划，在不同的阶段中，给孩子零花钱的方式也不同。小学生自控能力差，最好不要主动给他们零花钱。家长可以给孩子买一个存钱罐，鼓励他把平时买东西剩下的零钱放入存钱罐，让他体会积少成多的道理，从小建立起理财观念。

初中生逐渐拥有了一定的金钱观，建议父母采取定期定额的方式给孩子一些零花钱，比如一星期给10元，但要嘱咐孩子把每一笔钱的用途记在本子上，父母不定期抽查，了解钱的走向，防止孩子将钱用在不正当的途径上。同时，可以给孩子建立一个属于自己的银行账户，让孩子将压岁钱或零用钱存入银行，增强孩子的成就感。

家长可以适当放宽对高中生的零花钱的控制，向孩子表明利害关系，放手让他自己管理自己的钱。

2.有策略地应对孩子的负面情绪

有些家长架不住子女哭闹，心一软就满足孩子的所有要求；还有些家长，喜欢用金钱奖励孩子。这两种做法都不可取。

对于那些已经养成不良习惯、花钱大手大脚的孩子，父母要采取冷处理的方法，冷静反思自己的错误之处，认识到放纵孩子的欲望、有求必应是不对的；要心平气和地和孩子讲道理，扭转孩子现有的金钱观；必要时，可采取强制措施，切断孩子的金钱来源，用其他方式转移孩子的注意力，强行遏制孩子乱花钱的欲望。

对于表现良好的孩子，家长可以多用言语夸赞，象征性地给一些物质奖励，使孩子得到心理平衡，但绝对不能搞物质刺激；要让孩子明白，努力学习和帮助父母做家务都是子女应该做的事情，而不是获得物质奖励的砝码。

3. 再富不能富孩子

给孩子零花钱应该理性谨慎，总之要抱着一种"再富不能富孩子"的态度，打消孩子的攀比心理。家长主动给孩子零花钱可能会让孩子察觉不到钱来之不易，而不给零花钱又可能导致孩子为了获取金钱走上不正当的道路。因此，父母一定要在孩子很小的时候就树立明确的培养意识，有目的地引导孩子合理支配自己的"小金库"。孩子花得高兴，父母给得放心，才是我们的最终目的。

家长不是孩子的老板，孩子不是银行卡

情景再现

　　力力的爸爸是一家公司的老总，和妻子一起打理公司。因为忙，就让爷爷奶奶全权照顾儿子。优越的家庭条件，再加上父母不在身边，时间久了就养成力力说一不二的习惯。

一次，力力过生日，爸爸妈妈推掉了邀约已久的应酬，赶回家给他过生日。可一看见父母回来了，力力就非要爸爸去给自己买一只名牌的足球。

爸爸就对儿子说："乖儿子，等下次吧！"没想到，话音刚落，儿子就大哭起来："你不是我的亲爸爸。"还把刚刚摆上桌的饭菜打翻在地。爸爸看到之后，很是生气，揪住儿子就是一顿暴打。于是，大人喊，小孩叫，一顿好好的生日宴，就这样最终不了了之。

 孩子的心里话

爸爸经常出差，妈妈工作也很忙。所以，我从很小的时候，早已经在脖子上挂着家门钥匙和公交卡，自己坐公交车上学放学。多想爸爸妈妈天天陪着我啊，可是每次我要求他们带我出去玩的时候，他们总是说："乖，你想要什么。爸爸妈妈买给你！"时间长了，我就知道，爸爸妈妈无论要什么都会给我买的。

家长该怎么办

要让孩子学会理财，首先要树立正确的金钱观，孩子观念的树立主要来自父母的影响，所以这一步骤至关重要。培养孩子对金钱有一个恰当正确的观念，既要认识到它在人生中的必不可少和难以替代的重要性，也要认识到它不是万能的，人活着需要钱，但不是只为了钱，这样，就可以避免孩子形成拜金主义、唯利是图等不正确的金钱观。

什么是金钱观？简单地说，就是对金钱的认识、分配与使用方法的思考与行为模式。现在，很多孩子在很小的时候，就认识"钱"这个神奇的物品，但是对钱的观念却是后天培养出来的，如果我们能多给予孩子一些正面的教育与示范，就能帮助孩子在未来处理金钱事物上，奠定一个良好的习惯。

告诉孩子：拥有财富本身没有错，关键是不能拜金。千万不要让金钱扭曲了孩子的灵魂，把孩子引入歧途，断送他的人生。要让孩子知道，金钱虽然很重要，但却不能成为我们奋斗的目的，因为金钱不能代替生命中许多更珍贵的东西。

1.不要让孩子加入高消费的行列

当生活一天天变好的时候，父母一方面不要助长孩子加入高消费的行列，另一方面还应该帮助孩子树立正确的消费观念，要敢于制止他不合理的消费需求。

此外，父母还应该通过各种途径，让孩子体会到劳动的辛劳，体会金钱来之不易。千万不要让孩子成为大手大脚花钱，只懂得享乐而不懂得付出的一代人。

2.及时了解孩子透支的原因

当孩子在月中就把一个月的零花钱用完的时候，父母应该怎么做呢？很多父母可能会认为，只要孩子高兴，就再给他零花钱。实际上，这种不问孩子透支原因就再给钱的做法一定会让孩子"月光"得更为彻底。

父母只有弄清楚孩子很快用光零花钱的原因，才能找到解决问题的办法。如果孩子把钱用在了购买有用的参考书上，或是买了一些玩具，对这两种用钱的方式的处理方法肯定会有所不同。

孩子如果买必需的参考书，可以放宽处理，继续给他一点零花钱，但一定要问清楚孩子这样安排的原因；孩子如果买玩具，父母一定要"狠心"一些，千万不要妥协，一定要好好教育他，不让他养成只顾眼前、得过且过的心态。

3.可以试着让孩子"贷款"

如果不得不提前额外给孩子零花钱，比如他没钱买午餐了，这时候父母就可以用"贷款"的方式，先把下个月的零花钱"贷"给他。因为是"贷款"，所以要有"借贷利息"。如果这个月给孩子100元，下个月就要让他还105元。当然，孩子可能没有经济来源，那就把下个月的零花钱压缩到95元。

父母应该知道，让孩子"贷款"非常有利于培养孩子的财商，因为这可以让他预先接触贷款的世界。现实社会中，贷款是非常普遍的事情，如按揭贷款、税务贷款等。所以说，让孩子早一天认识贷款，未尝不是一件好事。

4.让孩子自我检讨

有时候，让孩子自己反省，找出错误的原因远比父母的责骂奏效。比如，孩子用钱买了一件没用处的东西，与其对他呵斥责骂，还不如让他自我检讨：买回来的东西有什么用处？为什么买了它以后，就会没钱买午餐了？东西怎么会值那么多钱？通过对这些问题的反省，孩子就会认识到自己的错误，这会比一连串的责骂更容易让孩子明白理财的道理。

37

赢在起跑线，教孩子学会打理"私房钱"

情景再现

从夏夏还是小孩子开始，父母就逐渐教她认识人民币的各种面值，慢慢大一点开始，便零星地给她一些钱，她把这些属于自己的钱给存了起来。慢慢地大了之后，她把得来的压岁钱也给保存了下来。

现在每个学期开学，要交的钱、她自己的午餐费、学校收的各种小钱、出去买的小玩具等全是用她自己小金库的钱支出，同时她也知道了钱的真正价值，知道了东西的贵贱。

孩子的心里话

每次新年，我会特别地开心，因为我又可以得到压岁钱了。我都把压岁钱存到银行里，现在已经长大了，压岁钱怎么花由我来做主。我决定用压岁钱来交一部分学费，另外，我决定花一部分钱买学习资料，再花一部分钱购买学习用品及益智玩具，开学时有时需要一些新的文具。但我每次花钱后都会在自己的记账本上记好每一笔，这样我会清楚钱的去向，花了多少，还有多少。我要把自己的压岁钱用到有用的地方。

？家长该怎么办

在理财教育欠缺的家庭，大多是父母给多少孩子花多少，花完了再找大人要。结果是，孩子花钱越多越觉得不够花，花起钱来也越没有节制。教孩子如何使用零花钱，是让孩子学会如何预算、节约和自己做出消费决定的重要手段。

1.让孩子管理自己的零用钱

主张孩子要自力更生，不能随便向别人借钱，让孩子自己管理自己的零用钱。在孩子渐渐长大后，要求孩子准备一本账本，用于记录每个月零用钱收支情况。让孩子学会赚钱、花钱、存钱，与人分享钱财。使孩子生活在一种具有强烈理财意识的环境氛围之中，逐渐形成了善于理财的品质和能力。

家长在对孩子理财的教育方式上，要强调内容的实用性和故事性，从和生活密切相关的感性方面入手，引导儿童亲身体验、观察和认识金钱在日常生活中发挥的各种作用，唤起儿童的好奇心以激发他们对理财的兴趣和热情，以小见大、由浅及深。

同时，也要大胆放手让他们去尝试，让他们在家庭财务中拥有自己的角色，逐步学会解决一些简单的日常生活中的实际问题。对中国人来说，开发儿童的理财能力可以以如何打理压岁钱和零用钱为切入点，逐步在实践中扩充理财知识。

2.给孩子支配金钱的机会

要让孩子明白，不管压岁钱是多是少，都不是从天而降的一笔"横财"，所以从本质上来说，压岁钱并非意外之财，更不是不劳而获。二是要通过具体的理财措施，培养孩子的理财意识，比如可以在征得孩子同意以后，用部分压岁钱购买股票、基金等。不管结果如何，都可以在实践中启发孩子的理财意识。

当孩子上了小学，对金钱的意识就会慢慢变浓，而且会想要买一些大件的东西。这阶段的孩子，往往会对于越得不到的东西，越想得到，家长要了解这是孩子心理上的需要，如果家长强行阻止，就很容易导致对立，滋生逆反心理。家长可以引导孩子把钱存起来，作为以后活动的资金。让孩子明白"延迟消费"，学会控制自己的欲望。

家长要有耐心与孩子沟通，培养孩子的自动储蓄意识，灌输孩子计划消费的观念，教孩子学会记账理财，引导孩子将"压岁钱"分成不同的部分。至于如何分配，如何使用，让孩子自己来决定，给孩子支配自己金钱的权利和机会。

适当创造给孩子花钱的机会，让孩子饶有兴致地在生活实践中去学习，促使孩子迅速而有效地掌握所学的知识。教孩子学会花钱有一个原则，那就是所给的数额要比孩子所需的数额稍低一些为好，而且要定期发放。这种做法是为了将来他们成人之后能适应定期领薪的生活，养成勤俭节约、积少成多的生活习惯和技能。

其实，这也是一个体验的过程，让孩子从小体验到因钱不足而买不到自己迫不及待地想要的东西而感到惋惜和无可奈何的情绪。这种情绪可以使孩子进一步认识到金钱的价值和重要性。在指导孩子花钱时可以有意识地将这些思想传播给我们的孩子。可以带孩子去了解社会的各个层面，让他们知道，在我们享受幸福生活的同时，还有许多人因地域、疾病、灾祸、失业等原因正忍受着贫困的折磨，一些孩子还面临着失学的威胁。这些弱势群体正期待着社会各方人士去关心和帮助。当孩子为之动情的时候，再引导他们根据自身的经济状况，拿出一部分零花钱选择合适的方式来资助一定的对象，或参与社会的公益事业。

别替孩子保管零用钱，让孩子学会理财

情景再现

以往过年时，佳佳口袋里的压岁钱就会和房间里装扮的红色一样，红彤彤一片儿。这些都是过年期间，亲戚朋友给她的。收到的红包，她也随处乱扔，房间里的床上、桌子上，到处都是。一般情况下，佳佳的压岁钱都是由爸爸妈妈保管，因为她还小，不懂得如何支配和管理那些财务。大大小小的红包，多数情况下被交了学费。

可是随着佳佳的一天天长大，今年已经上初中的她，却因为压岁钱的事情，跟爸爸妈妈闹起了矛盾。佳佳想用自己收到的压岁钱买一些喜欢的东西，可是爸爸妈妈却不同意。以往这些钱都是他们保管的，而且这些压岁钱在爸爸妈妈看来，也是平常自己在金钱上的付出而换来的，理应他们所管，可是佳佳觉得，既然是人家给我的，又不是给你们的，为什么要你们掌管呢？最终，佳佳只能屈服于他们，心里很是闷闷不乐，非常的不服气。

孩子的心里话

当我跟妈妈要求我想自己支配压岁钱时，妈妈告诉我，小小的我根本不具备那个能力，所以给父母是理所当然的。但其实我真的很想自己支配压岁钱。学着让我们自己去支配一些小额的零花钱，慢慢地等我们长大后才可以放心地把钱教给我们自己去支配，这样对我们也是有好处的呀。

❓ 家长该怎么办

1.定时定额给零花钱

根据家庭和孩子的实际情况，在一定期限内，给孩子一定数目的零花钱。这个数目和期限一般是固定的，这样便于孩子对自己的开支计划有一个明确的预期。

零花钱的用途主要是平时的学习与生活用品，如吃早点、买纸笔、付交通费用等，大的开支仍由父母支付。首先如果孩子把一周或者一个月的钱一次就用光了，应该对自己的孩子有一个正确的评估，以此来确定期限的长短和数目的大小；其次父母应告知零花钱使用规则，明确这是定时定额给予的零花钱，并要求对收支情况进行记录；其三是要充分给孩子足够的信任，多表扬、激励，同时要适当地提醒、监督，并在一个阶段后对记录的收支情况进行分析、小结。

2.努力学会说"不"

很多的时候，父母对孩子说"不"是一个艰难的决定，很多人还会有愧疚感。现代独生子女居多，物质生活相对富裕，一般家长对孩子的需求都会设法满足，不会去区别他们是否有正当的理由。不要让孩子有丝毫商量的余地。同时还要让他明白：家长不会因为这个处罚你，批评你，因为那些钱是你自己的，你有以任何方式处置的权利；那笔钱如果花光了，就应该为自己的盲目消费埋单；那笔钱如果弄丢了，那就应该为自己的粗心大意负责。

俗话说"穷人的孩子早当家"，就有它的道理在其中。当然，如果孩子的表现进步或者优异，我们也不应该吝啬自己赞美的语言，积极的情感体验和愉悦的成就感是孩子们不断前进的持续动力。

3.教孩子弄清零花钱的"来龙去脉"

钱和日常生活密不可分，在引导孩子认识钱的过程中，一个理念必须要让其根植于心：钱是通过劳动得到的报酬，可以用它来交换需要的物品或服务。孩子有时可能会提一些超范围的购买设想，我们就不要简单地敷衍应对或呵斥批评——这可是我们和他们交流的好机会。一是真买吗？询问孩子购买想法是否认真、迫切，有无充足的理由、原因；二是值得吗？确认此次购买行动的代价和可能的后果，是否值得承担；三是有钱吗？因为有金额缺口，是先借再还，还是先存后买，有无可行方案。

如果孩子能够理顺这3个问题，那说明他已经具备一定的理财能力了。如果不行，也不是坏事情：可以借此让他对钱的概念有一个明晰的认识，矫正一些不正确的消费观念。还可以趁势灌输开源节流的思想，培养储蓄行为，树立通过劳动获得财富的理念。

4.教孩子树立正确的理财观

观念及行为的建立往往从小扎根，父母对孩子健康消费意识的引导可能会影响他的一生。要让孩子拥有正确投资理财观，长辈的言教之外，身教更重要。如果孩子的零用钱常常透支，父母一定要以共同讨论的方式和孩子研究有没有更好的用钱方法，以帮助孩子树立规划金钱的观念；如果父母在家里常以投资理财为聊天话题，孩子在耳濡目染下也会对投资理财产生兴趣与基本认识。

告诉孩子家里的财务情况不仅使孩子明白家里每月各种开支，而且可以促使他主动思索自己的需求是否恰当。父母应把自己的工作情况告诉孩子，情况允许的话，还可以带孩子去自己的工作地点看看，让孩子知道要生活就要工作，钱是通过父母辛勤地工作换取的，以及工作对社会的意义，对于父母挣来的钱，还是不应该浪费的。

39

稀里糊涂乱花钱，学理财改掉坏习惯

情景再现

丽丽八岁了，是个在蜜罐中长大的孩子，典型的"小公主"。在爷爷奶奶那里更是要风得风，要雨得雨，十分任性。今天要模型小飞机，明天要大头娃娃，一个月下来少说也得几百元。一天，她要买电脑，爸爸就想到了一个将计就计的好办法。合资买电脑，少吃零食，少买玩具再加上她的压岁钱。不够的，爸爸可以给垫上。当然，丽丽要给爸爸一张借条，买了电脑以后，丽丽便知道如何爱惜自己的零花钱了。

孩子的心里话

以前我总是每天稀里糊涂地乱花钱，一点打算都没有，每次当钱花完时我总会想：没关系，钱用完了爸爸妈妈会给我，用不着担心。

有一次爸爸见我花钱太多，有些着急，于是找我商量，你已经长大了，应该学会自己掌握零花钱的用处。从那以后我对自己的零花钱有了计划，对自己想买的东西我会仔细地思考这样的东西对自己有多大的帮助。如果它没有多大的价值，我就不买，如果很有价值，我再花这一笔钱。

家长该怎么办

尽量满足孩子的需求，不伤害孩子的做法是可取的，但更重要的是找到并满足孩子没被满足的心理需求。

家长应该接纳孩子对事物的喜好，明白孩子有想买他喜欢的物品的需求。家长可以通过动之以情、晓之以理，与孩子做约定，让孩子慢慢理解并按约定持续去做。

找到自己在和孩子互动的过程中，孩子有什么需求没有被满足，同时，家长还要注意提供更多的选择给孩子，让孩子尝试其他新鲜的事物，转移注意力。

为什么要买？如果孩子说不出理由，一定要对这笔消费加以限制，必要时可给予惩罚。但这里说的惩罚不是训斥或责骂，而是减少零花钱的数额，孩子大多会心疼自己的钱，所以不妨一试。需要注意的是，家长的态度要始终如一，否则会前功尽弃。

因为孩子年龄小，要限制他自己做主购买物品的范围，限制什么能买，什么不能买。应向孩子说明，要按活动的重要性来安排购物时间，即使是周末的补习班也不能因为购物而耽误。如果孩子需和家长一起去购物，要等到家长有空的时候，家长要让孩子知道不能一切以孩子为主，要让孩子学会等待。

到什么地方去买？一般来说，消耗性的小物品，如铅笔、作业本、小贴画等可以到小市场去买。对于孩子来说，名牌商品和普通商品没有什么区别，孩子之间不应为此互相攀比。但要告诉孩子，千万不能贪便宜到小商小贩的摊上去买食品，尤其是不要在校门口的小商贩处买吃的东西，以保证饮食安全。

什么人去买？家长要跟孩子讲明，因为年龄小的原因，孩子暂时不能单独到离家远的地方去购物，最好由家长或其他熟悉的大人陪同前往。当然，如果是住家附近的商场、超市，则可以放手让孩子自己去买。

教给孩子支配钱物不是单纯地让孩子学会消费，也是帮助其解决成长中的困惑。通过这样的沟通和讨论，能培养孩子的花钱意识，增强责任感，从而养成其良好的消费习惯。

让孩子懂得"想要"与"需要"的区别。孩子在买东西前，考虑买得起吗？这件商品是不是孩子希望拥有的？孩子是否要求过多或者要求合理？这件商品对孩子而言，是"想要"还是"需要"？在考虑这些问题时，也让孩子参与其中，再作出选择。家长要给孩子这样的体验机会，让孩子慢慢懂得"想要"和"需要"之间的区别。如果孩子的确"需要"某样东西，可以借此机会教孩子了解商品信息和购物常识。比如货比三家，如何还价、怎样看标价及商品的有效期等，从实践中获取信息。

第六章　学会交际，
善交际的孩子不依赖

40

谦逊知礼，学礼以立，天天向上

甜甜是一个非常漂亮的女孩，她有一个缺点，依赖性极强，动手能力差。只要进了学校，就希望班级老师在。老师要走，她就会一直问，老师去干什么，老师怎么还不来？每次打扫教室卫生的时候，甜甜什么也不会，只能拿着小椅子，在教室里推来推去。

她看见小朋友整理了一堆书本放在地上，当老师看不见的时候，她就把书本全部都推散了，脸上露出满足的笑容。当小朋友告她的状时，她立刻就说："老师，不是我，我没推。"老师问那是谁推的，她会指着旁边的同学说："是他。"当老师刚想开始批评她的时候，她的眼睛就又开始红了，哭着说："老师，不是我，是别人。"

 孩子的心里话

从小到大，家里人都围着我转。我在家时，都有爸爸妈妈帮忙，他们会帮我处理一切事情。平常妈妈都会把我要穿的衣服、要吃的零食帮我准备好。在学校里，我也不知道怎么和其他同学一起玩，他们都不愿理我。当我看到其他人什么事情都会自己做，而我什么都不会的时候，心里特别难过。

家长该怎么办

交朋友是件很复杂的事，需要花时间学习、经营和维持，而孩子会出现交际障碍，往往不是单一因素所造成。大致来说，可从"后天环境"与"自身性格特质"两大项来剖析。"后天环境"方面，首先面临的是"缺乏交友环境"，因家庭结构小，失去过去大家族亲朋好友常往来及街坊邻居在外玩耍那样自然的环境，孩子的休闲时间常用在看电视、玩玩具上，没机会与同龄的小朋友互动，学习应对进退、施与受，也不善于和他人分享。

　　除了后天环境，孩子遇到交友障碍的最大原因就是"自身性格特质"。个性绝对是影响人际关系的主因，有的孩子害羞、没自信；有的希望获得肯定，却常看不到自己优点；有的小孩则太强势、不懂分享、不肯妥协，有的则个性太冲动、不能忍受挫折。"观察力"也是人际关系的一大重点，有些孩子个性上没有太大缺点，只因"不知道自己做了什么让人不开心的事"，常常无形中成为人缘不好的孩子。寒暑假时，可安排孩子参加夏令营、冬令营等活动，在竞争的环境下，通过营队与来自四面八方的人相处，学习应对进退，与他人共同完成一个目标的团队合作。另外，可以与几位有相近年龄孩子的亲朋好友轮流组团，固定一个周期，例如每周或每月，带所有朋友的孩子一起出游，这么一来，孩子不但能学习跟父母以外的长辈相处，也有机会接触不同背景的小朋友，开启另一层结交朋友的机会，而家长间也有共同分享的话题，这种方法对孩子及家长的人际关系都有很大的收益。

41

适应能力，难也得慢慢学会适应

　　依依在小学期间，曾有过一次下乡求学的经历，这种生活经历锻炼了她，她的适应能力很强。但当她从吉林长春追随妈妈，再一次"迁徙"，来到妈妈的老家胶东半岛，并在这个叫黄城集的小村，开始为期一年的学习和生活的时候，她一下子还是面临了太多的不适应。

有一段时间，依依上课的时候手边总放着一个小本子，上面记满了老师嘴里说出来的听不懂的方言土语，好多字根本不知道是哪个字，所以大部分写的都是拼音，回到家让妈妈按照拼音读出来，分析是什么意思。后来依依又凭借自己超强的适应能力，还结交到了一大帮朋友。

 孩子的心里话

说起适应，那可真够一说的。因为这些年爸妈一直过的是旅居生活，所以住所就会经常变换，一搬家，学校就会换，那么老师、同学都不一样了，这是让人很郁闷的一件事啊。

每次换学校，其实换的不仅仅是学校，老师、同学、城市、课本和环境等一系列与之前的学校不一样的地方，都需要我去适应。这也是最让我头疼的事情了，总之，需要适应的东西真的很多，适应能力不好的人就容易造成自闭，低头不语，而我恰恰相反。天生好交朋友的我很快就认识了几个同学，很快我就跟他们混熟了，我的适应能力为我带来了好朋友、好成绩和美好的回忆。

家长该怎么办

1.带孩子多接触新环境

有的孩子到了陌生环境中会不知所措，无法很快融入。对于这样的孩子，父母要经常带他们去新环境中，让孩子去发现新鲜有趣的事物，从而增加孩子适应环境的能力。父母要让孩子多结交新环境中的朋友，让孩子通过与朋友的友好相处，提高自己适应环境的能力。

在孩子小时候，父母就要引导孩子尽量习惯陌生人和陌生地方，经常带他们去串门，或者去公园和游乐园等，鼓励孩子多参加社交活动，多提供孩子和朋友玩的机会。当孩子要接触新环境时，父母要让孩子认识到新环境的有趣，孩子一旦具备好奇心和勇气，就会很快地适应新环境。当孩子在新环境中结识新朋友时，父母要适当地鼓励和表扬，让孩子获得积极的情感体验，自觉加入到新环境中去，更好地和他人交往，获得理想的人际关系。

2.学习上多辅导，以便适应老师

父母要了解孩子的学习情况，及时发现孩子学习上的困难，以自己的经验和对孩子课本知识的把握，对孩子实施有效的指导和帮助。在学校的学习生活中，要教会孩子欣赏不同的老师，尊重老师，在心里不要排斥不同老师的教法，这样就会更快地适应学校环境、适应老师。当孩子因为学习出现困难，对某门学科产生困惑，进而将意见强加到老师身上的时候，父母就要帮助孩子纠正学习态度中出现的偏差，为孩子讲清道理，纠正孩子的不良心态，不让负面情绪影响孩子的正常学习。

3.培养孩子的心理适应能力

很多孩子看到自己喜欢的人，就会很快打成一片，但是对于自己不喜欢的人，就拒绝和他交往，还有的孩子，面对新的环境时会产生胆怯、不知如何是好的情绪，这都是孩子心理适应能力不强的体现。心理适应能力是孩子的心理品质问题，反映孩子面对新环境时的思想、情绪、行为的控制能力。要想更好地融入新集体，就必须具备很强的心理适应能力。

父母可以多培养和锻炼孩子的人际交往能力，让孩子养成遵守规范、乐于合作的意识和习惯。要尽可能多地创造机会，让孩子自己去克服心理问题，理解大多数人的想法和做法，当然，这并不是要求孩子放弃个性，而是懂得与人相处之道。父母还要身体力行地传授对人宽容的豁达心态，这样也会帮助孩子更好地与人相处。

4.适当地和孩子分离

在日常生活中，父母可以在附近进行观察，在孩子需要帮助时，给予适当的指导，但不要干扰他们的活动；有时甚至可以短暂离开，但要清楚地告诉孩子，妈妈离开一下，一会儿就回来，这样可以让孩子觉得自己是安全的，从心理上接受和父母的分离。

孩子进入幼儿园和小学，都要和父母分离，如果对父母过度依赖，孩子就难以适应新环境。父母不要时时刻刻守在孩子身边，而要给孩子留出适当的空间和时间，让孩子在没有父母的世界里学会独立。

5.让孩子学会自我调控不良情绪

父母要教育孩子客观地看待世界，孩子心胸开阔，情绪就容易稳定。比如，如果孩子成绩不理想，就要引导孩子学会正视现实，继续努力；如果孩子有烦恼，就要让孩子学会倾诉，经常和父母及身边的朋友交流，通过倾诉的方式来调节自己的情绪。当孩子情绪不好，无法调适自己时，也可以让孩子暂时转移注意力，做自己感兴趣的事情，这样也可以调节不良情绪。

父母还应该让孩子学会节制自己的情绪，等心情平静下来再处理事情。有理智的孩子一定是可以控制自己情绪的人，他们能够意识到发脾气带来的后果，于是会自觉控制自己。孩子学会了调适自己的情绪，就会很好地适应各种各样的环境，拥有良好的人际关系。

6.为孩子提供更多的交往机会

可以邀请邻居家的孩子到自己家玩或带孩子去做客，遇到合适的场合都可带孩子"光临"，这样就满足了孩子渴望交往、渴望得到他人接纳与认同的意愿。

7.培养孩子与人交往的技能

孩子喜欢与他人，尤其是同伴交往，但是，假如他不掌握交往的技能，就不会得到同伴的认同，甚至受到冷落或孤立，这会为孩子社会性的顺利发展带来阻碍。家长应告诉孩子与人交往时要谦让、友好、协商、分享，若孩子这方面做得很差，家长可以提供一定的情境，加强对孩子的训练。学会交往的技能，这是交往的前提条件之一，也是交往的基本功夫。

8.不要过分干预孩子之间的交往

因为孩子为了得到他人的接纳，可能会表现出迁就他人、宽宏大量的行为，家长为此很不高兴，觉得孩子受委屈、受欺负了，有的家长甚至出面干涉或阻止他们继续交往。孩子这样的行为是与他不想一直孤独的心理相联系的。当然，并不排除可能是孩子软弱、缺乏主见。但是，家长不能因此而剥夺了孩子交往的权利，如果发现确实是因为孩子本身的性格特点所致，家长应注意教育孩子，在他每次与小朋友交往中，家长仔细观察，等到小朋友离开后，再帮助孩子进行分析，指出他哪儿做得不对，哪儿做得对。不对的地方要告诉孩子应该如何做，做得对的地方要给予表扬。

交际能力，让孩子学会独立与人交往

情景再现

上小学三年级的君君胆子一直比较小，而且不善于与人打交道。于是君君的爸爸在下班途中批发了50支圆珠笔，让他拿去推销。并告诉他，一支笔的成本价是6角钱，赚来的钱他自己得。

之后的几天，君君每天都会在书包里装上一二十支笔去学校推销，卖出一支笔，就净赚0.4元。在整个推销商品的过程中，君君慢慢地懂得该如何与陌生人交往。

孩子的心里话

以前，当我看到其他同学们在一起，嘻嘻哈哈地谈笑风生，便觉得不是滋味，我感到孤独，觉得没有人喜欢自己。通过这次爸爸让我推销圆珠笔，我开始试着和一些不认识的人说话，交往，才发现其实人和人交往也没有那么困难。现在我再也不怕和同学交往了。

家长该怎么办

1.让孩子意识到交往的重要性

一个人生活在社会大家庭里，必然要与人交往，如何与人交往，如何让幼儿在游戏中交到好朋友，教师可以通过谈话、讨论活动让幼儿理解交往的重要性，还可以通过讲故事、看表演等活动帮助幼儿理解朋友的真正含义，让幼儿懂得朋友之间应该互相关心、互相谦让，心里要想着朋友，只有这样，才能交到朋友，孩子年龄较小，有些孩子还很胆小，所以要鼓励孩子大胆与人交往。

2.树立榜样，及时鼓励，让孩子体会交往的乐趣

孩子理解了朋友的意义，在与同伴的交往中必定有许多的表现，教师要抓住个别孩子的闪光点，树立榜样，积极鼓励孩子，对孩子的进步给予肯定，与孩子交流与朋友在一起的快乐，使孩子体会到与人交往的乐趣，树立交往的信心。另外，教师作为孩子的游戏伙伴，也应该成为孩子学习的榜样，教师要主动引导孩子，使孩子的交往能力不断提高，使孩子感受到拥有朋友的快乐。

3.不要让孩子有某些特权

孩子应从小就多接触同龄的孩子，要给予他们发展独立性的自由，尽可能让孩子与其他邻里的孩子交往，要以平等的观念待人。并让他在穿衣、说话、玩耍、零花钱等方面与其他孩子一样，不要让孩子有某些特权。不要使自己的孩子产生一种以自己为中心的思想，这样会不利于孩子今后的发展。

4.让孩子多参加集体活动

孩子从三岁开始，便产生了某种交往的愿望，这是萌芽阶段的交往心理。随着进入小学，他们便进入了集体，进入了社会。这时他们便也有了与同龄人交往、沟通的强烈愿望，而集体生活则创造了适应于他们进行交往的最好条件。因此，父母要让孩子积极参加集体活动，在集体活动中，广交朋友，并且慎重地结交好朋友。并学会尊重他人、信任他人、谅解他人、乐于助人，学会调节集体和个人的关系。孩子的交际能力一定会大大提高。

5.培养孩子的语言表达能力

从小就要培养孩子会说爱说，为他们进行交往活动打下必要的基础。注

意培养孩子在语文课的学习中有意识地锻炼自己的表达能力，还要注意培养抽象思维能力，在说话时要注意表达的主题，并围绕表达的主题把意思一层一层地说清楚，不要说了半天，听话的人还搞不清楚你在说什么。多和别人交际，也是训练和提高表达能力的主要途径，表达能力是在实践活动中锻炼出来的。

6.为孩子创造一些交往的机会

家长出去串门时，尽可能把孩子带上。带着孩子，可以使孩子有机会接触各种各样的人，有机会学习一些社交礼仪和规矩，体会到交往的乐趣。也可以邀请其他小伙伴来家里玩耍、吃饭，锻炼培养孩子热情待客的习惯和善待别人的品性。还要多参加一些社会活动，增加孩子的见识。

43

安排能力，尽管不周密，不妨听一听

情景再现

　　强强从小聪明伶俐，活泼好动，好奇心强，可就是有个缺点，做事毛手毛脚，盲目性很大，计划性很差，常常遭受失败。那天中午，强强正与邻居一个小朋友江江玩得痴迷，竟突然间"呜呜"哭了起来。原来两人在玩"小电车比拼"游戏，强强的大、中、小三辆"小电车"与壮壮的三辆"小电车"比拼，结果强强的"小电车"被壮壮的那三辆分别给撞翻了，惨败得一塌糊涂。

　　后来爸爸安慰强强要坚强，不要怕失败，做事要好好打算。两人细细琢磨，分析输了的原因，原来强强分别用大、中、小三辆"小电车"去对撞壮壮的大、中、小三辆"小电车"，而壮壮的三辆"小电车"都比强强的要"威猛"些，所以强强每局都失败了。

孩子的心里话

今天和壮壮玩玩具，让我感到自己自我安排能力的劣势。我才发现很多事情真的没有我想象中那么简单。我今后应该自己安排每天应该学什么，干多少，怎样学，做事应该有计划性，把我要做的事情列出来，一件件地去完成，繁杂就会变成有条理，也许原来觉得很难的目标就不难实现了。

家长该怎么办

实际上，充分了解孩子的状况，指导孩子做事具有计划性，才是培养孩子养成良好习惯的关键所在。孩子只有知道了自己的优势和劣势，寻找到了差距，并根据实际情况确立目标，制订有效的计划，才能真正做到切实可行的"认真努力"。

1.按部就班，循序渐进

要让孩子不断评估、调整计划。学习和做事的进程中，往往会因实际需要或其他牵制而必须调整计划。这时，绝不可一成不变、抱残守缺，一定要衡量轻重，做合理的处置，或是重新设计，另订进度，建立一套更有效的策略。

家长要做好示范，成为孩子的榜样。作为家长不但要言传还要身教，因为家长是孩子的一面镜子。计划定下来要坚持，首先家长要坚持，孩子才能坚持。家长在平时做事时更要事事订计划，按照计划行事。平时我就是这样。

2.告诉孩子做事的顺序和规划

如进餐前，告诉孩子一会儿要吃饭，现在收好图书或者玩具，先小便，然后洗手，最后坐到桌子前。再比如出门前要带上水杯，换好鞋子，等妈妈锁上门，等等。即便是孩子已经熟悉的事情，作为家长也要有意识地告诉孩子整个程序，帮孩子感知做事情的先后顺序。幼儿园的孩子能够专心从事一件事情的时间大概在五到十分钟左右，因此，可从眼前要做的事情开始，以后再过渡到告诉孩子自己长时间的计划。

3.让孩子做选择，培养自主意识

孩子对常见的问题不能提出自己的意见，有时我们问孩子："接下来你想做什么呢？"他们想想后会说："我不知道。"对这种情况，家长可以运用"选择性计划"的方法，帮助孩子逐步建立自我意识。什么叫作选择性计划呢？就是当孩子没有自己的想法时，家长为孩子提出两种建议供孩子选择。如"今天你要看《我妈妈》还是《小泥人》呢？""我们一会是玩变形金刚还是火车轨道呢？"家长为孩子提供不同的选择，慢慢地他们会比较哪个是自己更喜欢的，从而选择活动的内容，逐步树立有计划做事的意识。

4.从兴趣入手，学会规划

相比而言，孩子一般更愿意做自己感兴趣的事情。因此，我们可以选择孩子感兴趣的事情，培养他们的计划性。如都很喜欢"劳动"，所以家里"大扫除"时，可以请孩子想一想我们要打扫哪些地方？先打扫哪里？后打扫哪里？爸爸、妈妈和你分别做什么？以此培养孩子的有序做事和分工的能力。

5.记录计划，坚持完成

孩子大一些之后，专注时间变长。因此，我们可以引导孩子计划在较长的一段时间，完成一些更复杂的活动。但孩子的注意力同样容易分散，有时还会忘记自己要做的事情是什么，因此，对于孩子来讲，将自己的计划记录下来是很重要的。如，我们要用废旧纸盒做一个恐龙，你要做成什么样子？让孩子仔细画下来自己的想法，在动手制作的过程中，不断提示孩子参照计划。

6.运用拓展性提问，细化计划

有的孩子有了自己的想法，但是制订的计划却不系统，实施的步骤性也不够强，因此，家长可以运用拓展性提问来帮助孩子。"拓展性提问"指的是在孩子现有想法的基础上，提出新的延展性的问题或建议，支持孩子进行较深入的计划。例如，当孩子提出要去洗袜子时，他首先会想到要准备水和脏袜子，然后把袜子放在水里，家长提出拓展性的问题可以有："接下来我们要做什么呢？""要想把袜子洗干净，我们还要怎么做呢？""袜子洗干净，我们要不要洗些其他的东西呢？"从而拓展孩子的计划，使计划更丰富，步骤更清晰。

7.树立榜样

家长要注意家里的整洁有序，让孩子经常看到的是有条不紊的环境，周围成人做事的有计划、有条理、不忙乱，这种潜移默化的影响，是培养孩子计划性的前提。

44

合作能力，参与孩子的游戏

　　学校今天开展课外游戏活动，学生们都很高兴。平平独自一人在搭模型，可是还不到一分钟，她就站了起来，把刚才搭的都推倒了，"不搭了！"平平嘀咕了一声，起身就往别的区域跑。

　　这时，老师走到了平平旁边，轻声对她说："平平，我刚才看见你搭的'模型'，好美啊，你很能干哦！我们一起来搭吧？"平平小声地说："好吧！"不一会儿一件漂亮的作品就完成了，平平可开心了，转身给老师一个拥抱："谢谢你！"老师对平平说："不用谢！你也很能干的，等会你也可以去邀请一个小朋友，跟他一起合作！"

　　平平面带微笑，四处张望了一下，看见炎炎也是一个人玩的，便走了过去。"我们一起来合作吧？"平平负责拿模型，炎炎负责搭模型，搭成之后，他们又拿来了纸和笔，画了好多图画，都十分完美。

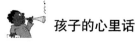
📢 **孩子的心里话**

我向来做事都爱单打独斗，不喜欢有人掺和进来，觉得这样会扰乱我的思路，直到今天这件事，让我学会了善于合作。以前，在家里玩玩具时，我可以独霸一方，想玩什么就玩什么，想怎么玩就怎么玩，没人去管束，也不用与人合作，与人分享。而到了幼儿园里，由于玩具数量和游戏空间有限，任何玩具都需要和其他小朋友轮流分享或合作游戏。

今天在搭积木时，有几次我总也弄不好。后来老师来帮忙，我们一起互相配合完成一个整体。通过这些合作游戏，我也逐渐学会了合作与分享。这时，我才更深刻地明白了合作的重要性。

❓ **家长该怎么办**

1.培养孩子的分享素质

孩子的分享意识和行为不仅要受到分享物品的数量、性质和用途等因子的影响，而且还要受到其年龄、性别、性格、能力、兴趣爱好等因素的制约，家长在培养孩子的分享素质时，要考虑到孩子的心理特点。年幼的孩子往往很容易面对"精神"上的分享，而较难顺应"物质"上的分享，在开展分享活动时，家长就先从"精神"分享入手，再过渡到"物质"分享。例如，在家里周末举行的"卡拉OK演唱会"上，父母鼓励孩子把自己喜爱的歌曲唱出来，让大家欣赏，以此为基础，来帮助孩子形成与他人共享知识和物品的习惯，而不多占和独享。

2.提升孩子的分享能力

"月有阴晴圆缺，人有悲欢离合"。人的情感是复杂多样的，孩子的情感世界也应该多姿多彩，而不应被唯一的快乐情感所"垄断"。家长固然要让孩子多享受积极的情感，多体验童年的乐趣，如亲人的出生、团聚，但也要适当地让孩子经受一些消极的情感，品尝一下人生的苦果，如亲人的死亡、别离。例如，在接孩子从幼儿园回家的路上，让孩子讲一讲幼儿园里的开心事，使孩子意识到自己的快乐讲出来给爸爸妈妈听，就变成了全家人的快乐；在家庭发生特殊事件的时候，不要对孩子实行"封闭政策"，而要让孩子耳闻目睹，如参加追悼会、葬礼，以锻炼孩子的承受能力和分享能力。

3.引发孩子的合作意向

孩子的行为很容易受到家长语言的暗示影响，家长如能从正面对孩子加以引导，就能使孩子的行为朝着成人期待的合作化方向发展。家长要做家庭教育的有心人，充分发挥语言的调节、暗示功能在孩子合作行为培养中的作用。

4.教给孩子合作的技巧

随着年龄的增长，孩子会产生与人合作游戏的欲望，家长应利用孩子的这一心理需求，根据孩子的实际情况，教给孩子合作的技能，增强孩子的合作能力。例如，带孩子到公园游玩时，当孩子看到陌生的、可能比自己小的小伙伴时，孩子往往显得比较积极主动、热情大方，如上前与其打招呼、交谈、抚摸、游戏，对此，父母提示孩子：要关心小伙伴，爱护小伙伴，父母应鼓励孩子大胆上前，与别人一起说笑、交流、讨论、玩耍。

5.塑造孩子的合作行为

孩子周围的各种活动都暗藏着训练孩子合作行为的契机，家长要善于把握。在家庭的日常生活活动中，例如，从超市购物归来，父母让孩子打开冰箱门，帮忙把食品(儿童食品)放置好；例如，到室外拍皮球时，父母拍球，孩子计数，或孩子拍球，父母计数；在家庭的艺术活动中，比如，画人物肖像时，让孩子当模特，父母当画家，或孩子当画家，父母当模特；在家庭的旅游活动中，能使孩子意识到合作的价值，体会到许多事情单凭个人的力量是难以完成的，只有大家相互帮助、协作，共同努力，才能取得成功；大家一起做事情、玩游戏，真快活，进而养成孩子乐于与他人合作的好习惯。

45

交际恐惧，让孩子走出去

情景再现

小明新学期去了新学校，可他内心很纠结，一方面他很喜欢上学，另一方面他又很害怕与同学相处，怕被调皮的同学捉弄欺负。小明从幼儿园开始就受欺负，被小朋友从滑梯上推下来摔骨折了也不敢还手。他性格懦弱孤僻，不合群，别的小朋友都围在一起玩，只有他一人躲在角落里。他不爱活动，身体虚胖，体育经常不及格，常被人嘲笑。他也不愿参加集体活动，班级里的事情他一概不闻不问，总是和别人保持一段距离。

孩子的心里话

从小妈妈什么事都由着我，我想怎么样就怎么样，我的性格慢慢变得任性、胆小、懦弱。上课时，我通常不敢看黑板；去教室时，如果里面的人很多，我就不敢进去，即使进去了，也会很紧张，冒冷汗。周围的人也一定觉得我这个人怎么这么畏畏缩缩的，我就会觉得更没自信。

家长该怎么办

1.创造交往的环境

交往的环境对孩子来说非常重要，宽松自由的氛围能为他们自然的交往提供心理保障。家长们不妨试试根据儿童的心理特点，选择合适的游戏内容。尊重孩子的交往兴趣，让孩子明白与同伴交往是自己的权利，处理同伴交往中出现的问题也是自己的责任和义务。爸爸妈妈们应该多倾听孩子的理由，允许孩子自己选择朋友。多花一些时间给孩子，先陪伴孩子走出交往第一步，多提供场合让孩子接触同伴。孩子一开始害羞，家长可以先帮孩子组织一些简单的合作游戏。

哪些周围环境能帮助孩子提高交往能力呢？朋友聚会时，爸爸妈妈们有时候不妨带上自己的孩子，相约朋友的孩子一同前往。邻里交往时，也可以创设环境。外出游玩时，可玩的地方、能交往的环境还是很多的。

2.提供交往的机会

创造机会让孩子学习交往，并不要像老师上课那样坐下来，和孩子谈大道理，爸爸妈妈们可以试试在日常生活中利用一些细节来创造机会。

比如，邀请孩子的朋友到自己家做客，小客人来了，鼓励、允许孩子拿自己的食物、玩具和用具招待他的伙伴。给孩子空间，多带孩子出去玩，不要老是跟在孩子后面生怕他被欺负，允许孩子们单独在一起说"悄悄话"、进行"秘密"的小活动。平时多鼓励孩子和小伙伴组成小组共同学习、共同游戏。节假日妈妈们可以主动联络，相约一起出来玩，主动为孩子们创设在一起的机会，鼓励孩子和小伙伴们一起游玩、一起活动。

又比如，带孩子到不同的地方去，与不同社会角色对话，让孩子在与他们互动中增强交往能力。带孩子到博物馆，与博物馆的解说员可以互动，大胆向他们提问，同他们互动。带孩子去饭店吃饭时，让孩子自己向服务员提要求，点什么菜，需要加水，需要毛巾，菜要换，需要加椅子，等等。带孩子去书店，让孩子自己跟书店里也来买书的小朋友交流，跟营业员交流，自己要买的书在哪里。带孩子去游乐园，让孩子自己去买门票，自己跟导游交流，获取自己所需的信息。

3.培养交往的能力

为孩子创设了环境、交往的机会，还要教他们一些行之有效的方法，培养他们的交往能力。培养孩子的一技之长、培养孩子的每一项优秀品质，就等于在帮助孩子积累向同伴展示的"财富"。平时准备一些小儿歌、英语儿歌、儿童歌曲、唐诗、故事等，在家里家长帮助孩子练熟。这样孩子就有了准备，有了自信，在同伴面前就有底气愿意展示自己。

教孩子学会谦虚并尊重别人，可以帮助孩子把向同伴的展示达到最佳效果。孩子愿意展示自己之后，还要教孩子学会主动交朋友，这也是促进孩子交往能力的必备环节。

孩子不愿意主动交朋友，这跟孩子的性格有关，内向的孩子一般不愿主动结交朋友。爸爸妈妈们一开始不要太强硬，可以慢慢来，循序渐进。先陪伴他们走出第一步，先扶他们一把，让他们消除对陌生人的恐惧，逐渐地他们自己走出去。可以问问，你最喜欢谁？为什么？她的好朋友是谁呢？可以给她一个玩具，让它作为与朋友的交换，开始交往的第一步。可以找一个大哥哥，让大哥哥先来主动找自己的孩子交朋友，让孩子先去除羞怯的情绪。

4.正确处理交往中的关系

在与朋友交往过程中，一定会遇到这样那样的问题、挫折，孩子可能会因为这些困难而退缩。所以家长朋友们要教孩子一些正确处理的方法。首先，宽容待人是非常重要的一个方法。只有大度的人才能交到真朋友。宽容是不计较而不是示弱，是理解而不是迁就。

孩子因为被人欺负了而不高兴，爸爸妈妈们会怎么开导他呢？教孩子面对非恶意的冒犯，不计较后果，学会宽容地笑一笑，化干戈为玉帛，从而赢得一位朋友、失去一位敌人。倾听别人的辩解，是宽容的开始；站在对方立场上想一想，是宽容的根本；理解、善良是宽容的核心。宽容的孩子交往能力才更强，朋友才会更多。

其次，孩子时期的交往，较多地带有"自我中心"倾向，家长要帮助孩子，从自我中解脱出来，懂得谦让，体验给予的快乐，体验关心与被关心的快乐。团结友爱的儿歌、故事，是对孩子进行友爱教育的好材料。告诉孩子，朋友都是互相帮助的，有困难，要一起解决。 当然，家长本身的言行，会对孩子起着潜移默化的作用。

另外，孩子在交往中总要发生各种各样的矛盾，爸爸妈妈们不要紧张，也不要如同法官似的审问、裁决，要提醒爸爸妈妈的是不可偏袒，更不可在家长间引起矛盾。朋友吵架了，可以跟孩子说，是什么原因引起的，让他们互相找找原因。找到原因，先看看自己有什么地方做得不到位的，先检讨自己孩子的问题。再帮助孩子站在他人的角度考虑一下，比如说，可以跟她讲，如果你是他会怎么做，让孩子学会设身处地为他人着想。

分享能力，纵享好人缘，互帮不依赖

情景再现

6月是齐齐的生日。前一天下午，齐齐爸爸接她回家的时候，告诉他，自己上班很忙，晚上下班又晚，没时间给他过生日，希望齐齐能和小朋友们一起过生日。

齐齐就把爸爸给自己准备的生日蛋糕带去学校和大家一起分享，同学们有的说要买礼物送给齐齐，有的说要把自己喜欢的玩具送给齐齐，齐齐露出了开心的笑脸。第二天早上，有不少小朋友都送齐齐礼物了，有漂亮的水彩画、有折纸飞机、有玩具小汽车、有铅笔、有卡通橡皮，等等。

孩子的心里话

我学会了和他人分享，有一份快乐，和他人分享快乐就有了两份。我有一份烦恼，和他人分享，烦恼就剩一半了。分享是快乐的，学会分享的人是最快乐的人。

家长该怎么办

不要溺爱孩子。孩子吃独食，不愿与他人分享，是与父母的溺爱密切相关的。营造分享的氛围，体验分享快乐。家长要有为孩子创设充满"分享"的环境的意识。孩子身边所有的人、物、事件、情绪，统统构成他的成长环境。当环境中充满了分享的意识、情绪、行为，孩子的分享意识也会从心底发生。

1.鼓励孩子同伴交往，学会分享

现在家庭中独生子女较多。没有兄弟姐妹的陪伴，没有街坊邻居的玩伴，孩子会变得越来越孤独。由于缺乏同伴交往，导致他们以自我为中心，不顾及他人感受，很少关心他人的需求，不能与同伴和睦相处，不会分享。因此，爸爸妈妈应该给孩子创造更多的机会让孩子与其他小朋友们一起玩，减少孩子在交往中的不安全感。可以让孩子邀请小伙伴到家里一起玩，让孩子在同伴游戏交往中，变得大方得体，学会与人交往的技巧，养成孩子关爱他人、谦让友好的行为习惯。

让孩子明白分享不是失去而是互利。孩子之所以不愿与人分享，是因为他觉得，分享就是失去，家长应该理解孩子这种难以割舍的"痛苦"，让孩子明白，分享其实不是失去，分享是一种互利。分享体现了自己对别人的关心与帮助，自己与别人分享了，别人也会回报自己同样的关心与帮助，这样彼此关心、爱护、体贴，大家都会觉得温暖和快乐。

给孩子分享的实践机会。经常组织孩子与小朋友开展生动有趣的活动，让孩子与小朋友们共同活动，共同分享活动的快乐。常提供孩子为家长服务的机会，如在家里买了水果、糕点时，让孩子进行分配，如果孩子分配得合理，就及时表扬强化。

切忌"强迫性的分享"。分享是发自内心的，在分享的过程中是感到快乐的。孩子只有从自己的分享行为里感受到自己带给他人的快乐，以及因他人快乐而带给自己的快乐，这个分享行为才是真正意义上的分享行为，孩子才真正建立起健康的分享意识。孩子年龄虽小，他也是一个独立的个体，家长应尊重孩子的意愿，采取有效的教育措施，让孩子自愿地分享。

2.让孩子知道分享是什么

"分享"是人和人之间团结友爱、相互关心、爱别人的更高层次的品质表现。所谓分享，是指将自己喜爱的、爱别人的更高层次的品质表现；所谓分享，是指将自己喜爱的物品、美好的情感体验及劳动成果与他人共享的过程，它是个体亲近群体，克服自我中心的有力手段。要想使孩子真正认识"分享"的意义，必须先进行关心别人、爱别人的思想品德教育。

同时使孩子从感情上认识什么是分享，怎样与别人分享，懂得只有和大家共同游戏，共同分享快乐，才是真正的快乐。

3.尊重孩子的意愿，不要期望太多

要根据孩子的心理特点，给孩子成长的时间，永远不要期望孩子在很短的时间内，变成一个又懂事又大方的乖孩子。他们的表现可能有时让你感到欣慰，有时却不尽理想。在要求孩子把玩具拿出来让别人玩时，一定要使他有足够的时间玩自己的玩具。承认孩子的所有权会使他感到分享是在他控制之下的。

4.让孩子主动说出自己的感觉

如果孩子们为玩具发生争执。你要帮助他们搞清楚到底是怎么回事。如果是某个小伙伴拿着东西不放，你要给孩子解释那个小家伙可能是怎么想的。比如你告诉他："因为小强真的喜欢那个玩具，他现在不想让别人玩。"另外，也要帮助孩子把他自己的感觉说出来。如果他没有表现得特别大方，要问问他是怎么回事。

5.树立分享的榜样

教师也是孩子模仿的重要对象，教师的言行举止对孩子的身心发展起着潜移默化的作用。因此，在日常生活中要抓住一切时机做好榜样。教师在与孩子一起分享时要尽量让他们体会到分享的快乐。当体会到快乐后，便会自觉产生分享的动机，模仿老师的类似行为。

同伴是孩子观察学习的榜样。教师要及时发现有分享行为的孩子，把他树立成典型让其他孩子学习，这样可以激发其他孩子模仿和学习。

47

处理事件，孩子之间的事尽量少插手

情景再现

　　课间休息时大家都在全神贯注地玩着，有的在看书，有的在玩拼图。只听见一声大叫，晨晨细皮嫩肉的小手上有一道被指甲抓过的划痕。老师问道："小雨，你为什么要欺负晨晨？"小雨红着脸，很委屈地说："我想看那本画册，可晨晨就是不让我看，我才抓她的。"

　　老师就对小雨说："你是个男孩子，男孩子应该保护女孩子，怎么能欺负女孩子呢？""欺负女孩子的人，以后大家都不喜欢跟他玩。"小雨见自己理亏，知趣地坐到一边去了。

孩子心里的话

　　其实我不是故意要欺负晨晨的，我只是常常会因为那些鸡毛蒜皮的小事跟同学发生口角。今天老师批评我了，我也暗自下定决心一定要改掉这个坏毛病。在日后的学习生活中，我要改正自己的坏毛病，做一个心胸开阔，能够包容他人的男子汉。

家长该怎么办

　　1.培养孩子与人共处的能力

　　低年级学生的思维发展水平正处于"自我中心"阶段，这个年龄阶段的孩子大多站在自己的立场上来考虑问题，不善于认同和接纳他人的意见，有时，孩子间的"争吵打闹"恰恰为孩子提供了与人相处的契机，家长适时的教育可以使孩子既获得友谊，又得到快乐。

2.提高孩子处理问题的能力

家长最好问清事情的原委，启发他们辨明是非后自己去解决问题。问清孩子哭闹的原因，让孩子学会自己解决问题，从而使孩子明辨是非，学会处理和解决问题，增长与他人相处的经验和技能。

3.教孩子学会理解、接纳他人

"以儿童教育儿童，以儿童感化儿童"，就是指孩子在交往过程中互相影响、互相教育。家长应该多观察孩子们的交往行为，了解孩子的社会交往能力，启发孩子设身处地去理解对方的行为、接纳对方的意见，最终相互谅解、握手言和。

4.教孩子学会管理并控制自己的情绪

情绪作为情商的核心，对于孩子来讲既是造成争吵打闹的关键因素，更是决定将来是否成才的重要因素。因此家长一定要教会孩子管理并控制自己的情绪。

5.激励孩子，让孩子充满自信

争吵打闹给孩子带来的情感是复杂的，有时是开怀大笑，有时是泪水涟涟，不管孩子产生哪种情绪，家长都要及时从该事件中总结出对孩子成长有利的积极方面加以激励，让孩子从不同的角度找到自信，健康快乐地度过充满"打闹"情趣的童年生活。

6.把握冲突"三原则"

（1）能不干涉就不干涉，让孩子自己解决问题

每次孩子发生争执时，父母，特别是母亲往往会第一时间介入其中。大人的这种心情可以理解。他们会因为自己的孩子欺负别人而不好意思，也会因为自己的孩子被别人欺负而心痛。但是，这种做法未必可取。

对于孩子来说，磕磕碰碰很正常。有时只是一时的好胜心引起了小矛

盾，也许没几分钟就会和好。孩子们的世界没有那么复杂，孩子们的游戏有着属于孩子的规律。让他们在冲突中找到解决问题的办法，在解决问题中不断成长。所以，如果孩子发生冲突，一开始父母最好是静观其变，先不要干涉，或许在观察过程中你还会有所发现！

（2）具体情况具体分析，不能想当然地处理

在孩子打打闹闹的时候，你可能会发现，有的孩子相对内向，处境往往比较被动；有的孩子会讲道理，对冲突能起到缓和作用；而也有个别孩子从小深受家人溺爱，有一定攻击性。

有时，孩子间的冲突也会"升级"。这时大人就不得不干涉了。首先要了解情况，然后具体分析，再给孩子讲几句道理。对于七八岁的孩子来说，浅显的道理他们也懂，而且简单说几句也不会影响原先愉快的游戏氛围。最不可取的是父母为了面子或"想当然"，不由分说拉来孩子或批评或打骂。这样容易伤害他们的自尊心，也会破坏大家的好心情。

（3）日常教育也很重要，父母的言行要注意

对于成长中的孩子来说，父母的言行举止会有较大的影响力。有的家长平时不注意，在外"做一套"，在家"说一套"，当冲突发生时，碍于面子表现得相当得体，孩子听了也明理。但一回到家里，或会因为自己孩子表现不佳而"秋后算账"——什么"你傻呀""你笨呀"，或会因为看不惯别的孩子而"说三道四"——什么"霸道呀""野蛮呀"。如果父母前后言行不一致，就容易让孩子混淆是非，从而缺失正确的判断力。

爱孩子，就应该让其明事理，让他学会如何与别人交往。所以，无论是日常的正确导向教育，还是家长的榜样作用都很重要。孩子们在一起玩免不了会有冲突。当孩子们发生冲突时，爸爸妈妈常常感到为难：即便错在别的孩子，如果去批评他，也显得自己"护犊子"；如果不分青红皂白，总批评自己的孩子，又会委屈他。该怎么办？

其实，只要我们变换一下角色，就可以把冲突变成孩子学习为人处世的绝好机会，让他们通过解决冲突获得成长。与和成人交往相比，孩子们与同

伴交往的时候，更有机会看到别人的视角，了解彼此之间观点的差异，进而学会站在别人的立场看问题，理解别人的感受。他由此学到的不仅是一种解决冲突的积极方式，还有一种公正、负责、关怀他人的态度。在这个基础上做出的决定，常常能顾及别人的利益和感受；如果孩子能时时处处考虑到别人，他就会成为一个有道德感的人，在为人处世上表现出良好的修养。

第七章 自强自爱，这样做孩子更有出息

48

立志要趁早，为自己好好读书

　　骏骏很喜欢看漫画，这已经成为他日常生活中的一部分。从喜欢看漫画，到慢慢地开始自己动手画，长大后成为一个漫画家，已经是他的梦想。为了不耽误日常上课，骏骏都是利用课外时间，把当天要完成的草稿做好。等到放学之后，完成每天的作业，才开始进行他的漫画创作。

　　尽管花了很多时间在漫画上，但是他的成绩却没有受到任何的影响。因为在最开始画漫画的时候，他和妈妈之间就有过约定，绝不会因为画漫画，而耽误学习。现在骏骏班上的好多同学，都成了他漫画的粉丝，每画出一部新作品，大家都抢着要看。很多同学也很佩服他，可能有了梦想的原因，才会有了动力。

 孩子的心里话

　　"漫画给我带来了很多快乐，希望自己有一天能创作漫画给别人带来快乐。"于是，我就给自己定下了成为漫画家的梦想。寒假的时候，因为有大量的比较集中的时间，我可以废寝忘食，一直画。我也和我身边的同学说起过，我那个伟大的漫画家的梦想。很多人会担心地问我，这样画，不会影响学业吗？其实我都是利用业务时间，上课时集中精力听讲，课间抓紧时间做作业，自习课埋头复习。根本不会因为画画影响学习，我甚至觉得，画漫画反而让我的成绩更好了。

"我未来的目标是考上中央美院，成为职业漫画家。" "如果不能成为职业漫画家，我就先做设计工作，来养活漫画家这个梦想。"除了画漫画，我还承担起了学校班级墙面涂鸦设计的工作，这些可以让我更好地锻炼色彩搭配的能力，我觉得，有了梦想，做任何事情都特别明确，每一步的前进，也离我漫画家的梦想更近了一步。

家长该怎么办

1.要让孩子意识到立志的重要性

很多孩子意识不到立志的重要性，所以无法树立远大的志向，就更谈不上未来的大发展了。孩子意识到志向的重要性，才会从自己的兴趣和爱好出发，树立一生的志向，为自己的人生发展指明前进的方向，起到导向作用。父母可以用一些名人立志的实例来给孩子说明立志的重要性，也可以用社会上一些反面的典型给孩子做负面教材。

孩子年龄小，世界观和价值观没有完全形成，这个时候用榜样来激励他们立志，是个十分有效的办法。父母一定要主动帮助男孩子选择立志的学习榜样，例如英雄模范人物、著名科学家、在某个领域做出突出贡献的人物等，都可以作为男孩立志的榜样。

志向不只是一句口号，志向要想转化为现实，就需要孩子为之付出努力。父母要让孩子明白，实现志向的路上会遭遇各种挫折，要牢记自己的志向，不计较暂时的挫折，保持良好的心态，为理想奋斗。千里之行，始于足下。孩子要将自己的大志向分解成一个个具体的小目标，一步一个脚印地向着目标努力，直到实现自己的最终志向。

励志名言是人类智慧的结晶。很多励志名言警句都是前人留给我们的宝贵财富。父母要善于利用名言警句来激发孩子的斗志，使他认识到树立远大理想对人生的重要性。通过言传身教，潜移默化。

入学后，根据孩子们的个性、智力、爱好，帮孩子建立起合理的抱负、志向，制定力所能及的奋斗目标，鼓励孩子志存高远，树立敢为人先的自信心，靠自己的拼搏，实现理想。童年立志，成为孩子获得成功的奠基工程。

2.不要排斥孩子的个性发挥

现在有些家长，只要求孩子按照自己的意愿去行事，而不考虑孩子的想法。结果，孩子的个性得不到张扬，棱角被磨平，成为一个没有锋芒、缺少主见的精神侏儒，成了一个唯命是从、如同模具里压出来的呆板者。

现在的独生子女心理素质差，受挫折能力普遍低下，这就要求家长帮助孩子树立坚强的意志，培养他们敢于直面逆境的信心与毅力。可以给孩子创造良好的学习和生活环境，但切不可将其当作温室的嫩苗来培养。要将孩子推上风口浪尖，让其经风雨历磨难，这对孩子克服软弱、形成刚毅的性格大有帮助。

当孩子试着做一件事而没有成功时，应避免用语言、行动向他们证明他们的失败。做一件事失败了并不意味着这个孩子无能，只不过说明他还没有掌握技巧而已。一旦掌握技巧，他就能把事情做好。如果我们采取指责的态度，孩子的自信心就会受到伤害，这个时候就不是掌握技巧那样简单了。在家庭中，最好的办法是夫妻双方共同负责孩子的教育，形成优势互补。

孩子应具备果断、独立、自信、敢于冒险等品质，这些也正是我们所说的阳刚之气。孩子身上的这些品质是要从父亲身上吸取的，所以父亲一定要认识到自己在家庭教育中的重要性，尽量多抽时间与孩子沟通，尤其是带孩子做户外运动，更容易培养孩子勇敢、坚毅的性格。

单亲家庭要注意，不要把自己对对方的憎恨强加给孩子，要让孩子感觉到即使父母分开了，谁也不会减少对他的爱，只有这样才能收获一个健康快乐的好孩子。家长应适时引导孩子培养乐观的性情，宽阔的胸襟，既能容人之长又能容人之短，帮助孩子克服自私的心理。让孩子在从善中凸显人性之美。端正孩子的生活态度，建立起孩子学习的恒心，使其逐渐形成有远大的抱负和过人的胆识，有良好的修养、高尚的品质及独立的人格。要让孩子具备人格魅力和独立意识，只有让孩子从父母紧护的双翼下走出来，给其宽松的发展空间，让其个性得到充分的发挥，孩子的健全人格才会张扬开来。

少些依赖，多做一点，再多做一点

情景再现

　　一个周末，妈妈带洋洋去吃快餐，在妈妈点餐的空隙洋洋一个人随便玩了起来。突然，妈妈听到洋洋的大喊声。只见洋洋正站在那里，眼睛里泪花涌动，小脸蛋上满是委屈。妈妈跑去一看，一个小女孩紧紧揪着洋洋的小辫子不放，疼得洋洋哇哇大哭。妈妈赶紧把两个人劝开，吩咐说，要在一起好好玩，不要互相打架。

　　事后，妈妈问洋洋："刚才她打你的时候，你为什么不和她好好谈谈呢，告诉她打人不对，如果她还这样，就不要理她。""我喊妈妈就行了啊。"洋洋不假思索地冒出了这样一句。这时，妈妈笑了："光喊妈妈有什么用呀，妈妈又不能替你打她，你要想着自己解决问题啊！"

孩子的心里话

　　在父母身边，我遇到问题时，一般情况下，都会去找父母，让父母帮我解决。我就是喜欢逃避问题，很依赖父母的决定，当我一个人遇见麻烦了，我真的不知道该怎么办。

家长应该怎么做?

　　任何一个孩子，都是由于父母的教育和环境的影响，才形成了不同的人格品质和能力的。父母可以因势利导，把握孩子这个时期的心理特点，在保证孩子安全的前提下，放手让孩子去做力所能及的事情。作为父母平时要多和孩子平等地交谈，让他们放手去做自己力所能及的事，使他们充分体现自己的价值，并认识到：他们也是一个有独立思想和能力的人。家长的过度干涉、溺爱，不利于孩子独立人格的培养。

在父母带孩子外出步行游玩时，如果孩子说"我累了，走不动了"，就应该让孩子休息一会儿，然后再继续独立行走，不应该孩子一喊累，就抱起来，这样下去，容易促使孩子产生依赖心理。父母生活中的言谈举止，有时也影响着孩子的独立人格培养。比如，父母手头经济不富裕就向长辈要；孩子摔倒后，不是鼓励他们自己站起来，而要赶紧去扶，这些都容易使孩子产生依赖心理，父母应该注意克服，对孩子每一点进步，都应该及时给予表扬和鼓励，这种做法能增强孩子的自信心，有利于独立人格的成长。

1.培养孩子的自理能力

在现实生活中，有一些父母怕累着孩子，怕孩子做不好，自己重新再做太麻烦，因而不让孩子做一些力所能及的事；还有一些父母认为，吃饭、穿脱衣服等生活技能是不用训练的，因为小孩长大自然就会。其实这些观念都是不正确的。久而久之，孩子也就丧失了独立能力。

所以我们要本着"大人放手，孩子动手"的原则，让孩子做一些力所能及的事情。在家里，父母可以根据孩子的兴趣和能力因势利导，通过具体、细致的示范，从身边的小事做起，由易到难，教给孩子一些自我服务的技能，这些看上去虽是很小的事，但实际上给孩子创造了很好的锻炼机会，无形中锻炼了孩子独立生活能力。当孩子完成一项工作后，做父母的要给以适当的肯定和赞赏，当孩子的存在价值被肯定，自己的工作能力被肯定，他们也会感到无比的兴奋和快乐，在很大程度上增进孩子的自信心。

2.培养孩子的自我服务能力

自我服务是孩子发自内心的需要。对孩子进行自我服务能力的培养，是为了适应未来社会的需要。培养的是未来社会的建设者，他们不应光有渊博的知识，更应热爱劳动，具有一定的劳动技能。在孩子期对他们进行自我服务能力的培养，正是为他们对未来的劳动奠定心理基础和物质基础。孩子手部肌肉发育不完善，动作不灵活，影响了他们的认识和探索，有目的、有计划地对他们自我服务能力的培养，不仅可以有效地促进孩子肌肉的发育和完善，促进他们动作的协调发展，而且由于手部肌肉活动越多，越丰富，就越能开发孩子大脑的潜能，促进智力的发展。孩子在"我自己做"的过程中，能不断增强自信心，提高独立思考、独立做事或解决问题的能力，这有助于良好个性品质的形成。

3.培养孩子独立思考的能力

众所周知，独生子女普遍存在着一个不良的性格特征，其中之一就是懒惰。由于成人过分的包办代替，长此以往，孩子懒于动手动脑，不愿独立思考。所以，成人要培养孩子的独立性，教育他们要自己的事情自己做，遇到困难要想办法自己去解决，学会独立思考。只有这样，孩子在独立的基础上创造能力才会不断发展。凡是孩子能做的事情应该让孩子自己做，不要替代他。培养孩子独立思考的能力，就是不仅要孩子自己独立动手去做事，还要孩子独立地动脑去想问题。独立思考能力强的孩子，往往具有较强的好奇心。父母应该尊重孩子的好奇心，千万不要因为孩子提的问题过于幼稚而加以嘲笑，以免伤害孩子的自尊心。注意创造机会，培养孩子独立生活和独立思考的能力。

4.培养孩子自我抉择、解决问题的能力

有的父母经常说孩子主意不好，应该听大人的，实际上孩子有主意是件好事，有自己的看法，自己的认识，应该给孩子创造机会培养他自己拿主意。很多家长只注意培养孩子顺从听话，却不去倾听孩子的需要，从生活小事一直到孩子的发展方面都由父母一手包办了，因此我们的孩子缺乏自己做决定的机会和权利，就很难培养孩子自我解决问题能力。

独立生活能力差的孩子依赖性强，缺乏进取心和毅力，遇事容易打退堂鼓或把任务转给成人。这大多是成人娇惯、包办代替的结果。那么孩子的成长也是一样，大人应给孩子创造机会，培养孩子自己做选择和处理问题的能力。让他在尝试的过程中感受失败，碰钉子，这样孩子就会从失败中吸取教训而成长起来。一个人在成长的过程中，不可避免的有成功，也有失败和失误。而且通常是经过无数次的失败，才能获得较大的成功。

在生活中，要培养孩子的自我完善能力，要让孩子学会自我观察、自我体验、自我批评、自我控制，培养孩子的自我抉择、解决问题的能力。

5.给孩子树立良好的榜样

父母要给孩子一个独立自主的好榜样。榜样的力量是无穷的。你的一举一动，还有你的品质，都是孩子模仿和学习的榜样。所以，先从你自己独立自主做起。

有些年轻的父母，如果发生了经济问题，就伸手找老父母要；夫妻吵架，就赌气回家"搬兵"，更不用说星期天两手空空地带孩子去祖母家又吃又拿。这一切都不利于对孩子独立意识的培养。

大好时光少抱怨，走出自己一片天

敏敏已经七岁了，不知道从什么时候起，一向乖巧懂事的她学会了抱怨、挑剔，整天见不到笑脸。特别是一见到妈妈的时候，敏敏的小嘴就开始不停地抱怨："妈妈，奶奶把我的小辫子梳低了""爷爷把我的鞋带系得太紧了"。可是，每当妈妈要帮她重新梳小辫子时，她却不让；要看一下她的鞋带时，她又说不用看。

她的抱怨其实只是为了让爸爸妈妈多听她说说话，因为平时爸爸妈妈工作很忙，爷爷奶奶虽然带她，但对孩子"被倾听"上的需求可能不太重视，所以就导致她一见到父母，小嘴就不想停，什么都说，哪怕是抱怨。找到了敏敏爱"抱怨"的原因后，爸爸妈妈针对这种情况做了一些调整，每天尽量抽出一些时间来听敏敏说话，和她在语言和行动上互动。后来，敏敏爱抱怨的毛病，就减少了很多。

 孩子的心里话

不知道从什么时候起　我开始变得爱抱怨了。有时候一点点小事，我也会抱怨，哪怕是在心里抱怨，我也是抱怨了。爸爸妈妈都要工作，只有爷爷奶奶陪着我。每天都见不到爸爸妈妈。我常在心里问："爸妈为什么不来跟我聊天？他们要是能天天陪着我，那该多好啊！"

家长该怎么办

1.倾听、沟通，从日常点滴做起

家长要告诉孩子，抱怨对事情本身的解决是没有任何意义的，而且，爱抱怨的人，无论在幼儿园还是在家，都是不受欢迎的。

首先是倾听原则，不管你的孩子多大，抱怨什么，家长都不要"一棍子打死"，更不要否定孩子。倾听是很好的沟通方式。倾听孩子抱怨的内容和原因，再设身处地换位思考，站在孩子的角度想一想，这样的抱怨是不是有道理？这样的抱怨的根源是什么？这两个问题弄懂了，然后再告诉孩子，你对孩子抱怨的看法和意见，并告诉孩子，抱怨对事情本身的解决是没有任何意义的，而且，爱抱怨的人，无论在幼儿园还是在家，都是不受欢迎的。

这样做，虽然不能让孩子立马就改变抱怨的习惯，可至少会让孩子意识到抱怨是不好的行为习惯，是需要改正的。

要让孩子彻底改变不抱怨的习惯，还需要从日常生活做起。让孩子知道，世界上没有完美的人和完美的东西，妈妈、老师和园长也有不能陪你玩的时候，玩具也有坏的时候。然后再告诉孩子，要学会理解和宽容等道理。

其实，只要结合故事和情节，孩子是能够明白的。

2.悉心体会孩子的感受

了解孩子的需求，帮助和陪伴孩子一起克服困难。倾听孩子，疏导情绪：要学会倾听和安慰孩子，悉心体会他内心的感受，告诉孩子能理解你的感受，遇到这种事情，确实让人感到难过等，并引起共鸣。但共鸣不意味你和孩子一起抱怨，扩大事态，是要让孩子把他不良的情绪宣泄出来，心理上达到一个相对平衡。注意倾听时不要否定孩子，切不可说"你怎么这么烦啊？""你心胸怎么这么狭窄？"之类的话语。

孩子成长道路上不可能一帆风顺的，总会遇到这样那样的困难和挫折，想要孩子心态好，在孩子小的时候你就得做出榜样，自己对待事情的态度也应该是积极的。用乐观开朗的性格影响孩子，言传身教是最好的方法。孩子往往是跟着你做，而不是照你说的去做。

坦白告诉孩子，理解你的抱怨，知道你一定有自己的理由，并且允许你抱怨，爸爸妈妈不会责备你。但抱怨对解决问题并没有任何实际意义，相反抱怨多了不受人欢迎，自己也会陷入新的困境。让孩子正视现实，在这个过程中告诉孩子"金无足赤、人无完人""学会包容和理解"等道理。

可以让孩子罗列出每天发生的积极事情，并可以写下来，哪怕是微不足道的小事情，告诉孩子我们的每一天都有很多简单的、小小的快乐：明媚的阳光、清凉的微风、丰盛的晚餐、好友的来电、父母的关心等。要让孩子天天体会这些事情，一旦孩子开始寻找感恩的事情，他看世界的方式就会改变。孩子也可以通过帮助别人体会到助人的快乐，激发孩子的自信，开阔孩子的心胸，让孩子看到更多自身的力量。

3.给孩子选择，而不要给孩子答案

这一点上，家长要注意的是，给孩子的选择范围不要太大，另外，选择的物件也一定要是同类。

4.正确对待孩子"抬杠"

有时，父母要孩子"这样做"，可他偏要"那样做"。这时候，父母的反应就非常重要。对孩子发怒是父母缺少智慧的表现。父母发怒，孩子心里一定会害怕，最后不得不服从决定。这样多发几次脾气后，孩子再也不敢有自己的主张了，只有唯父母马首是瞻，父母说往东就往东，也不敢往其他方向了。

有智慧的父母不会这样去培养一个没有主见、不能独立的孩子。他们面对孩子的"抬杠"，会积极地与孩子沟通。从另一个方面看，孩子敢与父母"抬杠"，说明他有自己的独立想法，如果他在父母不赞成的前提下，坚持按自己的想法去做，那么他会拼着一股干劲去做好，因为他要让父母明白，他的决定才是正确的。如果做不好，孩子也会承担后果，不会推卸责任。这时候，切记不要说风凉话，要鼓励孩子的敢作敢为，同时，帮助孩子分析失败的原因，这样可以使孩子下一次做出正确的决定，找到更好的行动方法。

5.让孩子参与做家务

孩子多数时候好像是父母的观众，家中的事务，他并不清楚，家中的麻烦，他更是不得而知。这样他就不知不觉间形成一个意识，以为家中的大事小情都应该是家长负责的，他自己是不需要插手的，这样就养成了他喜欢依赖别人的心理，如果家长想要锻炼孩子的独立性，就要让他有自己的事情自己做的思想。

即使做不好，家长们也不应该代劳或是批评，毕竟总有一天他会做好的。如果孩子抢着去干什么活，家长们只需要在旁边注意提醒就可以了，千万不要因为心疼孩子或是心疼家中器物而喋喋不休地唠叨。

培养独立能力，首先是培养其独立思考和决断的能力，然后促使其努力去执行。执行中一定会遇到挫折，此时父母要多鼓励，巧妙地告知改进的方法，孩子的独立能力就会与日俱增。

6.让孩子坚持写感恩日记

爸妈可以给孩子买一本漂亮的日记本用来写感恩日记。让孩子每天花15分钟列出一天当中所有的积极的事情。首先，孩子可能无法想出任何积极的事情来写，你可能需要为他打打气，告诉他说，我们的每一天都有很多简单的、小小的快乐：阳光灿烂，微风习习，特别的甜点，作业得了好分数，好朋友来电话，等等。要让孩子天天体会这些事情，一旦孩子开始寻找感恩的事情，他看世界的方式就会改变。

7.教育孩子向别人伸出援助之手

妈妈可以调查一下所在的社区，帮助孩子选择一个适合他的活动，将注意力放在那些需要直接面对面的互动活动上，比如，到医院去慰问小病人，到附近的幼儿园帮忙跟小朋友做游戏。寻找那些较有指导性计划的活动，那样你的孩子就不会因为不知道该怎样做而感到为难。帮助别人会激发孩子的社交自信和建立成功的互动基础，从而使孩子愿意在与同龄人相处的过程中展现自我。

51

打开虚掩的门，要敢于冒险

放学回来在小区空地玩时，爸爸突然发现军军不见了，左右一找，原来正在池塘边扔石头呢。几个孩子都在向池塘里扔石头，大点儿的甚至蹚进水里。爸爸赶紧制止了军军，又劝别的孩子赶紧停手。

这边刚安顿下来，那边又出状况了。一不留神，军军又把弹射翼打到了树上，于是爬到树上去够，万一树枝断了，很可能会受伤。这些孩子们，似乎特别喜欢危险的游戏，虽然爸爸制止了他们，但是趁大人不在的时候，他们仍然会爬高钻低，继续惹祸。

 孩子的心里话

其实我爱冒险，不是为了寻求刺激，是为了显示自己超凡的勇气。我在书本里经常看到，很多成功的人都是从小打小闹开始的，我只要有那种精神，并把它放在学习上，那我是不是也就成功了。

爸爸妈妈有时会担心我冒险，出现危险。其实尤其像我这样的男孩子，只有勇于冒险，才能成为真正的男子汉。

家长该怎么办

1.对孩子进行榜样教育

青少年的人生观、道德观以及性格都是在多渠道教育影响下逐渐形成的，在这样一个过程中，特别需要家长的关怀和指引。作为家长，应有意识地培养孩子的勇敢品质，多讲讲在民族独立运动中表现出大智大勇的英雄故事，指导他们学习英雄人物的勇敢品质。

培养孩子正确的思想观念，树立崇高理想。人的思想观念、理想、信念等常常制约着人的性格形成。通过各种活动可训练孩子的勇敢。

2.言传身教，优化环境

家长在平时的生活中，对他人、对家庭、对集体、对社会，都要勇于承担责任。家中来客，要让孩子主动问候、招待；别的孩子闹矛盾要鼓励孩子去做化解工作，学校布置的活动要鼓励孩子积极参与，等等。给孩子创造一个良好的环境，孩子的勇敢品质就会在学习、生活实践中逐渐形成。

可以给孩子讲些英雄人物的故事或观看电影电视，在他幼小的心灵中树立高大形象，让勇敢和冒险精神渗透到他的灵魂深处。对安静、内向性格的孩子一次积极的发言不要放过充分肯定的机会。另外，父母亲要有一定的胆量放手让孩子去做事。比如爬树不仅要用手和脚，而且还能运动全身肌肉，是一种极有益的值得鼓励的事，即使摔下来受一点轻伤，也是一次再好不过的宝贵经验。

3.积极驱散孩子的胆怯心理

如果孩子很多时候在很多事情上表现得畏惧、退缩，不愿主动去尝试，不能表达自己的想法和观点的话，他也许在一定程度上存在胆怯。这时，我们不必不知所措，更不能给孩子贴上胆怯的"标签"，更不能大声指责、嘲笑孩子，因为他已经面临困惑，这样做只会雪上加霜。唯一应该做的是想方设法帮助孩子克服胆怯、勇敢起来。否则对孩子一时的胆怯而大加批评，只会强化孩子的胆怯行为。其次学会鼓励，树立孩子的自信心，培养孩子的自立能力，甚至可以请其他家长一起赞扬孩子胆大细心。故意地向孩子请教，让孩子自己思考，训练孩子缜密的思维能力，并适当地给予称赞，让孩子做事、学习更加努力、细心。

也可以多做一些能让孩子胆大细心的游戏，锻炼他的观察能力，还能养成耐心细致的习惯，激发他的好胜心，或者玩一些创造性的游戏，共同创造一件小发明或者制作一架小飞机什么的。要对孩子进行自我保护训练，胆大也要避免危险，要跟孩子说明一些注意事项，避免危险。可以叮嘱孩子记住必需的电话号码，如：父母工作单位的电话、公安局电话、消防电话、医院电话等。

4.用鼓励来消除孩子的紧张感

有的孩子怕打针，看到穿白大褂的人就害怕，家长应安慰他："只有一点疼，只要勇敢些，一会儿就不疼了。病好以后就能和小朋友一起玩了。"有的孩子夜晚对大人依恋不敢独睡，家长不能因为心疼就迁就他，应极早分睡，培养他战胜孤独、困难的勇气。

消除孩子的胆怯需要更多鼓励。只要孩子有进步，哪怕不如家长所期望的，也要给予热情和真诚的鼓励。孩子会从家长的话中感受到关爱和信任，这对孩子消除胆怯非常重要。孩子在我们的鼓励中产生被认可、被接受的感觉，增强了大声讲话的信心，有助于消除紧张感。

5.多与老师沟通，争取老师的帮助

孩子最相信老师和权威，最相信老师的评价。所以尽量争取老师的帮助非常必要。学会对孩子提出要求，并坚持要求，不能时松时紧，不能无原则地心软原谅，更不能代替孩子收拾残局。

6.用责任心来驱散孩子的胆怯心理

不必事事抢在孩子前面，不必把他照顾得无微不至。可以明白告诉孩子应负的责任。有时我们不妨表现得无助，非常需要孩子的照顾，逐渐让孩子担负起一定的责任，有责任心的人能自觉克服胆怯心理。

7.家长巧妙地向孩子示弱

父母恰当地向孩子示弱，会收到事半功倍的效果。应讲方法和技巧，得有方向性。如想让孩子语言能力强一些，就要经常提出一些需要多说的问题，让他发挥口才来解答；想让孩子练好口语，就经常和他说英语，故做忘记状等。

8.从小培养孩子的主动进取精神

一个孩子成人后，能否在人生中取得成功，起决定作用的不是他头脑中的知识和技能，而是他的人格中有没有主动进取精神，有没有敢于拼搏、勇于克服困难的自信。从小培养主动进取精神的方法是不断鼓励、不断表扬孩子体会到成功的快乐，从而产生对成功的追求。

9.让孩子自己做出选择

让孩子自己做出决定，有助于他们建立自信。教导孩子做出明智的选择，并相信他们的判断力，即使有些事情父母不太赞同，但只要孩子决定做的事合法而又没有危险性，尽量不去干预。如果相信孩子有能力和勇气去做某事，就得先表示对他有信心。

10.让孩子自己动手工作

孩子大了后，便教导他们如何工作、竞争和取得成功。孩子如果要你不打算买的东西，可以问他费用如何支付，也许他会通过正常途径如打工等获得劳动报酬，这样他会知道赚钱的艰辛。你可以提出他如何做好但勿替做。

11.到大自然中去

孩子们有强烈的求知欲使他想了解许多现象，但因知识贫乏往往很害怕。夏天的闪电和响雷会引起孩子的恐惧。应给孩子解释这种自然现象是怎么回事，让他注意天空是怎样突然暗下来，风怎样驱使乌云，怎样卷起灰尘和树叶，增强他顺应环境变化的能力和勇气。冬天下雪，可和他一起堆雪人，打雪仗，培养他不畏严寒、勇敢机智的品格。到动物园可以让他看看相貌丑陋的动物如蛇、狼等，让孩子对它们的生活习性有所了解，消除对动物的恐惧心理。有条件的地方还可以和孩子们一起游泳、划船、爬山、钻洞，使孩子体察和感受自然界千万种奥秘，培养无所畏惧、勇于牺牲的冒险精神。

夏令营由于在大自然中玩耍，见得多，玩得多，胆子自然就变大，应变能力也加强。父母不要过度保护孩子，训练勇敢、坚定、战胜内心的恐惧，告诉他什么是真正的勇敢。真正的勇敢是遇到困难、压力，从容地面对克服。别人不敢说的话说了，别人不敢做的事做了，这叫危险。教会孩子有勇有谋，知道冒险必须控制在自己的能力范围之内。

不靠父母不靠天，走适合自己的路

情景再现

青青课外在上美术班，一次，老师要求自己练习。其他孩子都在认真地画，而青青却自己趴在桌子上玩。老师问："你为什么不画？"平平说："我不会画。"老师看看其他孩子，其实其他孩子也有不会画的，他们仅仅是对着现有的图案按照自己的方式去"演绎"，甚至有人画得乱七八糟，但他们仍然在画。

青青每次遇到了她不会做的事情不是等妈妈来帮忙，就是等老师来指点，而有的孩子却会自己去想办法。青青的妈妈很苦恼，无论遇到什么困难，孩子的第一反应都是去找她，而不是解决问题。

孩子的心里话

"你不但依赖妈妈，而且依赖爸爸"，这是别人给我最多的评价。我习惯遇到任何问题，都去问别人。我有时也觉得这样不太好，好像自己永远长不大似的。我成为大家眼中，名副其实衣来伸手、饭来张口的"小公主"。

要是哪天再遇到爸妈突然出差，我就会更不知道怎么办！我不会自己做饭吃，更是不敢一个人出去买吃的，唉，我到底怎样才能学会不依赖别人，自己独立起来呢？

家长该怎么办

要改变家长的家庭教育观。孩子的依赖心理多是由家长给养成的。如果家长不能改变自己的陈旧观念，就很难克服孩子的不健康心理了。

要克服过度依赖性的弱点。必须培养孩子的独立性，不要事事都为孩子做。有的孩子不是不想独立，而是家长不给他独立自主的机会，万事都为他安排得妥妥当当，这样便在溺爱中削减了孩子的独立性，增强了他们的依赖心理。

培养孩子的独立性更关键的是要树立儿童的自信心。依赖性较强的孩子多缺乏足够的自信，对自己的能力评价较低，总认为自己这也不行、那也不行。要教会孩子正确地评价自己并在孩子取得一点点成绩的时候及时表扬和鼓励，这样可以培养孩子的自信心，增强他敢于独立的勇气。

在孩子独立地办一些事情的时候，要给予指导和帮助，为孩子成功地做好某些事情创造条件。因为儿童的心灵是比较敏感和脆弱的，如果总是遭遇到挫折就很容易丧失自信心。家长务必要保护孩子可贵的自信心。

1.父母双方必须全力合作

做好家庭教育必须父母双方通力合作，也只有双方共同努力才能把孩子培养好。现在大部份家庭都是母亲做得比较多，父母合作、取长补短才是家庭教育成功的最好保证。

2.父母要为孩子抓住每一个关键

在教子成才的道路上，无数次经历过这种关键时刻，错过其中的任何一个机遇和关键，都将是无可弥补的损失，甚至有可能改变孩子的前途和命运，他们的人生历程就得重写。人生的关键处就差那么一两步，孩子还小，没有能力去把握自己的命运，父母的责任就在于替孩子不失时机地抓住每一个关键。牢记着机遇永远垂青于有准备的头脑，尽可能地让孩子做好一切准备工作，机遇一旦来临就被我们牢牢抓住。

3.家庭教育必须与学校教育密切配合

家庭教育不管做得多好，都要教育孩子尊师重教，都要与学校老师密切配合，互相沟通，经常向学校老师了解孩子在学校的情况，包括学习情况和行为品德情况。同时把孩子在家里的情况告诉老师，并向老师提出建议和要求，只有家校配合，家长与老师做朋友，才能使孩子顺利成才，就算有了问题也能及时发现、及时解决。孩子毕竟在学校的时间多，而且毕竟需要老师的精心栽培，而且老师也确实付出了他的心血和精力，所以尊师重教是每个孩子和家长最重要的道德修养。

4.学习放下，让孩子走出自己的路

每个人心中对孩子的期待都不太一样。有的人在意他是不是一个守规矩的孩子；有的人希望他能有礼貌、学会尊重别人；有的人期待看到孩子能健康快乐地成长；有的人认为只要孩子品格端正就足够了，其实没有标准答案，只要不违背爱和教养的基本原则，就看我们着重的方向了。

（1）放下焦虑感

当孩子在学习上比其他同龄的孩子慢、功课也比较落后时，做父母的你会担心、害怕吗？怕他跟不上老师的教学进度？怕他在班上没有竞争力？怕考试考不好？怕影响将来的升学和前途？如果有这些害怕，那么就会失去平静的心，容易慌张、焦虑，从而激发父母更加严格地督促孩子。

父母会对孩子的学习及发展感到焦虑吗？不要让这种不安成为孩子学习中的压力，只要我们耐心陪伴，温柔引导，孩子总有一天会开窍的。

（2）放下权威感

在传统的观念中，孩子听父母的话是理所当然的，父母的权威也是不容被质疑的，但是，这是否代表当孩子提出与父母不同的看法时（前提是没有违反道德或既定的家规），就是忤逆呢？能否把这样的情况仅仅看作是不同于家长的另一种选择呢？如果孩子一跟父母的意见不一致，父母就觉得自己的权威受到威胁，就赶紧用各样的方式试图恢复"权威感"，那就无法真正了解孩子的需要和兴趣，无法听见孩子真实的心声了。

父母能给予孩子自我探索的空间吗？有根深蒂固的、"凡事一定要听父母"的权威感吗？当父母适度放下这种传统的观念，仔细聆听孩子的想法，和孩子理性讨论所选择的可能结果，孩子将会看见属于他自己的一片天。

53

不羡慕别人继承的，看到自己拥有的

丁丁的爸爸经营着一家生意兴隆的酒店。丁丁从小就生活在富裕的物质环境里，加上爸爸妈妈对他宠爱有加，上学之后的他不仅顽皮淘气，还养成了"随心所欲"的习惯，想要什么一定要得到。否则，就大哭大闹，恨不得把整个家闹翻天。

丁丁的好朋友牛牛来家里玩，手腕上戴着他爸爸出差时从外地带回的儿童手表。牛牛一走，丁丁就开始跟父母哭闹，非要到商店买一块比牛牛的更漂亮的手表。

姑姑的五岁女儿敏敏来到丁丁家玩。家里来了客人，孩子们总会比赛谁有礼貌，比赛谁穿的衣服一整天都不脏，比赛谁的手洗得干净。为了证明自己不是"笨小孩"，丁丁每次都努力做到最好，渐渐地，丁丁的坏习惯消失了。

 孩子想说的话

现在同学之间都有一种虚荣心，爱攀比，比胜了，似乎能证明自己有多么与众不同，证明自己的父母有多能干。其实，今天如果不是和敏敏在一起，我还不知道原来攀比也可以改掉我身上的坏毛病。

回想起每次到了开学时间，同学们在寒假里买了许多有趣的小玩意，还有许多新的学习用具和衣服，都会拿来学校"炫耀炫耀"。但我后来明白，其实这样做是不好的，不应该这样为了攀比，而胡乱花掉爸爸妈妈的钱啊！

家长应该怎么做？

1.尝试采用"反攀比"

孩子们在攀比的时候，最典型的理论就是"别人都有，所以我也应该有"。对付这样的孩子，比较快速生效的办法是进行反攀比。比如：用孩子的长处去比别人的短处，用孩子进步的一面比别人退步的一面，用孩子有的东西比别人没有的东西，等等。

2.改变攀比兴奋点

孩子有攀比心理，说明孩子的内心有竞争的倾向或意识，想达到别的小朋友同样的水平或超越别人。父母就要抓住孩子这种上进心理，改变孩子攀比吃穿、消费的倾向，引导孩子在学习、才能、毅力、良好习惯方面进行攀比。又比如当孩子和同学比穿着时，父母可以从穿着整洁美、颜色的搭配美等方面去改变攀比兴奋点。

3.引导孩子纵向攀比

不妨多鼓励孩子自己和自己比。例如，让孩子今天和昨天比，这个月和上个月比，本学期和上一学期比。在特殊的攀比中，孩子会经常看到自己的进步，原来不会的拼音现在都会了，原来不认识的字现在都认识了，原来不懂的道理渐渐地懂了。这些比较都可以让孩子获得进步，自信心也会增强，并在欣赏自己的过程中努力超越他人。

4.给孩子一个纯净的成长环境

对于孩子的攀比心理，家长应该正确引导，不要因对孩子的溺爱，为孩子的攀比心理提供土壤，要知道攀比是无止境的。当然，家长也可以利用孩子的攀比心理，让孩子比学习、比自立能力、比身体等，激励孩子不断进步，把攀比心进而变成有益的动力。

5.保持一颗平常心

每个孩子的性格和特点都是不同的，许多父母喜欢把自己的孩子跟别的孩子进行比较，而且总拿自家孩子跟别的孩子的长处相比。这样做实际上是忽视了孩子之间的差异，父母应当接受并承认孩子之间的差异，帮助孩子学会取长补短。而且，当父母看到自己的孩子和别的孩子有差异时先不要着急，这种差异未必就是差距。孩子跟别人的差异性往往是其个性形成的开始，其实，这种差异更需要父母来加以保护。此时，父母的正确态度是，根据自己孩子的特点进行教育，孩子有了进步就应该鼓励。只要孩子付出了努力，已经尽其所能，父母就不要对孩子提出过高要求，这样的教育就是成功的。

父母要尊重自己孩子的天性，不要盲目跟风，人家孩子学这个我就让自己的孩子学这个，人家孩子上北大我就让自己孩子上清华，这样的做法都是不可取的。其实，做父母的只有找到适合自己孩子的发展道路，按照孩子的天性去培养他，孩子只有按照他自己的规律去成长的时候，他才可能获得幸福和成功。

父母应该认识到每个人都是独立的个体，和其他人没有太多的可比性。学习别人的优点固然重要，但是，培养孩子的个性更重要。相信孩子，解放孩子，首先要赏识孩子。现在父母教育孩子的心理有些错位，不是用赏识的目光去看待孩子的优点，而是用挑剔的眼光找孩子的毛病。最可怕的是，用别人家孩子的长处去比较自己孩子的短处，越比较越觉得自己的孩子不如别人家的孩子优秀。

其实，你的孩子就是你的孩子，没有必要总去和别人家的孩子相比，只要你的孩子今天比昨天进步，你就应该祝贺他。所以，父母要学会欣赏孩子，不要总是拿自家的孩子与别人的孩子比较，孩子之间是无法比较的，父母要让孩子保持自信！不论如何，父母都要鼓励孩子在生命的交响乐中演奏属于自己的乐章。这是孩子潜能最大化的重要通道，也是孩子自信最大化的源泉，更是使孩子实现人生价值的必由之路。父母要知道任何此类比较都是有害的。

6.让孩子与自己作比较

用"与自己作比较"的好习惯取代"人比人"的坏习惯。可以把注意力放在自己成长了多少，取得了那些成就，在追随目标的路途上取得了哪些进步。当孩子在审视自己所取得的进步、克服的困难和做的好事之时，这个习惯能激发孩子的感激、欣赏、仁爱之心。父母应让孩子明白，无须拿比自己狼狈的人作比较，也能拥有非常棒的感觉。

要想让孩子养成这个习惯，需要孩子每天留出几分钟的时间，或是每周写下自己取得的进步、克服的困难、学到的经验教训、取得的成果等。这样孩子的思维就能慢慢地从"与别人作比较"转移到并自动地聚焦在"与自己作比较"上。

7.纠正孩子不良的攀比内容

攀比并不是都会使孩子变坏，攀比的内容决定孩子是上进还是颓废。很大一部分孩子与人攀比的都是吃、穿、用、玩等一些不良的内容，使精力与时间都浪费在了这些有损身心健康的方面，对孩子的成长十分不利。因此，父母要细心关注孩子的举止，如果发现孩子有不良的攀比行为就应该及时纠正，引导孩子去与别人比成绩、比美体、比劳动等，使孩子向好的方面发展。

孩子与同学比谁吃得丰盛，比谁穿得名贵，比谁用得奢侈等，这些行为说白了都是一种虚荣心在作怪，危害很大，如果不及时控制与制止，孩子甚至会走上偷抢的犯罪道路。父母应该尽早给孩子讲清楚盲目攀比的巨大危害，使孩子及时摆脱不良攀比的诱惑，避免孩子日后走上一条不归路。

父母的言行举止经常会在潜移默化中影响孩子。为了使孩子不产生或者减少与别人进行不良攀比的行为，父母首先要杜绝自己有这方面的表现。当然，社会中盲目攀比的风气十分盛行，有些成人虽然不愿意，但在一些特殊的场合也会被卷入其中。这时候父母要避免带孩子进入这样的场合，防止孩子受到不良风气的沾染。

第八章 该怎么办，
这些情况孩子都可能有

54

孩子就像"跟屁虫"，走到哪儿跟到哪儿

情景再现

乐乐很淘气，还有一点儿狡猾，她是家里最小的妹妹，家里人都说她是妈妈的"跟屁虫"。乐乐最大的特点就是爱黏人，特别是黏着妈妈，这就是她被称作"跟屁虫"的原因。她总是想形影不离地跟着妈妈，妈妈走得快，她也走得快；妈妈走得慢，她也走得很慢；妈妈要睡觉，她便倒在床上；妈妈要喝水，她便也拿个小杯子跟在妈妈身后。

有一次去爬长城，她非要和妈妈一起去。为了甩掉这个小尾巴，妈妈飞快地登上了第一个烽火台，没想到她也不甘示弱，紧紧地跟在妈妈后面。看着她通红的小脸和满头的大汗，家里人倒不由得佩服起她来了。

孩子的心里话

妈妈走到哪里，我就在屁股后面跟到哪里。所以，大家都叫我"跟屁虫"。

有时候，妈妈和我都在家，我没有作业，妈妈也不上班，我就打算整天都跟着妈妈了。早上，妈妈一起床，我也偷偷地跟着起来了，一同洗漱、吃早餐。吃完早餐，妈妈准备把脏衣服洗了，我就跟在妈妈的屁股后面打下手，就连妈妈出去接电话那么点儿时间我也跟在后面，寸步不离，唯恐妈妈偷着溜出去"玩"了。

🤔 家长该怎么办

1.给孩子自由

在孩子的成长过程中，父母要尊重孩子的每一个提议，给他足够的自由。作为家长，当孩子向你提出自己想怎么玩或玩什么时，你应尽量听取他的意见，让他形成自己独立决定事情的习惯。有些孩子黏人，不是因为天生就是这样，而是由于在生活中，习惯了被父母安排着做什么游戏、玩什么玩具，一旦父母不下命令，他就陷入了不知所措的地步，只好哭闹着黏着父母了。

2.带孩子进行户外活动

父母应该多带孩子参加户外活动，在户外活动的过程中，孩子可能接触到除亲人以外的其他朋友，他的交往能力才能不断得到提高，使孩子形成活泼开朗的性格，这有利于改变孩子黏人的习惯。

3.实施奖励法

如果孩子现在的依赖行为很严重，父母可以通过奖励的方法逐渐改变孩子的这种做法。如果孩子自己去玩了，父母可以适当给他奖励一块糖果，赞扬他几句，让孩子在赞扬声中得到鼓励，在鼓励中一点一点独立起来。

4.别给孩子太多的保护

孩子缺少保护自己的能力是显而易见的，但是父母对孩子的保护也应该有一个限度。过分宠爱、过度保护、过多照顾、过高期望反而束缚了孩子的手脚，影响孩子的独立。

如果你真的爱自己的孩子，应该先承认孩子是一个独立的人，已经有了强烈的独立愿望，父母只需要一步步引导就能让孩子慢慢学会独立：一开始的时候让孩子自己睡一张小床而不是被妈妈抱在怀里睡，小床可以就在妈妈的床边方便妈妈照顾孩子；孩子的动作比较熟练以后，让孩子自己抱着奶瓶喝奶；在孩子能力范围内，自己用自己的杯子喝水，不要父母喂食；让孩子结交朋友、挑选喜欢的零食。不要担心孩子完成得不好，你可以站在孩子身边，在孩子出现困难的第一时间帮助他，但是万不可替孩子完成所有的事情，只要孩子能够做的事，都不要插手。这样一步一步地引导他走向自主独立。

事事有人代劳的孩子，要转变成自己去动手、独立做事的孩子，这是很难过渡的，需要父母耐心而坚定的教导。父母必须对孩子做出明确而具体的要求，逐步地让他们学习生活技能。可以让他们先学会自己的事情自己做，比如穿衣、吃饭、整理书包，等等。当他们能够做到时，不妨再让他们学干一些家务，比如打扫卫生、刷碗等，这样不仅可以培养他们的独立性，还可以培养他们的责任心和感恩意识，体会父母的艰辛。

5.培养孩子的自信心

多培养孩子的自信心是改变孩子当跟屁虫的一个重要办法。缺少自信心的孩子，不能独立做事，只能不断向周围人寻求依赖。家长要培养孩子的自信心，可以让孩子做些力所能及的家务活。每当完成任务后，家长一定要表扬孩子，告诉孩子，你做得很棒！倘若偶尔孩子做得不够好，也不要批评他，你可以告诉他：如果这样做，那就更棒啦！孩子的自信心不断增强后，会在心里形成一种定式：我行！人家行我也行。

家长还要多给孩子提供展示自己的机会，使孩子变得勇敢、有胆识，遇事镇定沉着。可以根据孩子的特长，组织小区里的孩子开展各项比赛，让孩子在同伴面前充分展示自己的才能。亲戚朋友来访，你可以让孩子表演特长，让客人观赏评价。也可以跟学校老师商量，多给孩子提供展示自己的机会，比如课堂发言、参与各类活动。孩子一旦习惯表现自己后，在和小朋友交往的过程中，就敢于表现自己的想法，避免盲目地跟从其他小朋友。

与孩子一起观看动画片，让孩子对动画片里感兴趣的人物形象做出评价，是培养孩子自主性的好办法。在评论过程中，家长只是充当孩子忠实的听众，偶尔插上一句，引导孩子将自己的看法表达出来即可。在评价中，孩子的自主性会得到不同层次的提高，在同伴面前他也敢于畅谈心里的想法。

6.让孩子自己做选择

今天穿裤子还是裙子？在处理孩子自我生活管理的问题上，父母基本上可以放手，让孩子学会自主选择，培养他们的自主能力。当然，一些比较难的事情，如系鞋带，父母要教一些基本的技巧，当成功系好鞋带之后，对孩子所做的努力要及时做出肯定。要正确看待在生活技能学习过程的反复现象，记住父母的期望值与孩子的能力相匹配时，才能调动自理积极性，促进生活自理能力的提高。

孩子不是家长的附属，而是独立的个体，是家庭的一分子，家长在任何时候都要注意让孩子充分表达自己的意愿：想要什么？想做什么？想怎么做？多问问孩子的想法，充分肯定其中值得肯定的部分，并尽量采用孩子的建议。久而久之，孩子既获得了决断的机会，对自己的想法也有了充分的信心。

当孩子独立地去做一件事时，即使事情不大，即使做得不好，也不妨鼓励一下他做事的动机和勇气。当提出自己的主张与看法时，要多肯定、少打击。对他们合理的想法与主张要给予肯定与支持，并鼓励他们去实施，这样孩子的自主性就会一天天强起来。

55

都听别人的，问完爸妈问爷爷奶奶

情景再现

鹏鹏上初中了，个头快赶上爸爸了。他乖巧听话，不像其他孩子那么叛逆，特别让爸爸妈妈省心。但是，鹏鹏凡事对父母都言听计从，几乎从来没有自己的主见，性格上表现得优柔寡断。

比如，学校春游、秋游，如果去超市购物，问他想买什么东西，他总是选来选去拿不定主意；暑期带他去旅行，让他自己准备行装，什么带什么不带，他也是犹豫不决，折腾上半天；再比如，和同学在一起，他也都是"跟屁虫"，同学说什么，他也从来提不出什么反对意见。学校老师也反馈说鹏鹏的性格比较"奶油"。

对于鹏鹏没有主见，一开始妈妈也不以为意。但有一天，家里有几个朋友相聚，妈妈却看到一个朋友的女儿谈吐落落大方，处事有条不紊，一副很有主见的模样，很招人喜欢。而作为一个男孩，鹏鹏反倒显得内敛有余，大气不足。

孩子的心里话

我本是一个做事果断的人，不知怎么的，也患上了"选择恐惧症"。有一次，妈妈带我去商场买生活用品。我要买一款自己喜欢的牙膏，可到了牙膏的售货架，面对眼前琳琅满目、各式各样的牙膏，我一下子没了主意。

自从那次起，我就发现我有了"选择恐惧症"，总想要一个完美又让我欢喜的选择，我决心改掉这一点，给自己一点主见，不要别人说什么就是什么，我要有我自己的看法和观点，有主见地进行选择，哪怕这个选择可能并不太好。

家长该怎么办

家长要关注孩子的朋友群体。如果孩子周边的同伴都是比自己大的孩子，思维能力较强，主意多，小孩子会感觉新鲜，好玩，自己怎么也想不出更好玩的方法，追着别人玩比较省事。同时，大孩子总会命令小孩子或让着小孩子，久而久之，小孩子就养成了跟随的习惯，没有主见，也懒得动脑出主意。

家长应鼓励孩子多结交同龄的朋友，培养孩子的社交能力，引导孩子爱说话、有礼貌、带玩具与大家分享，受欺负了也要敢于争辩，有好玩法大胆出主意。慢慢地，孩子就会学到很多交往的技巧方法，并会随机运用。家长也要随时观察，适时地给予鼓励。如果孩子表现不好，不要数落孩子说"你看人家多聪明，就你胆小"。这样的话语会打击孩子的自信心，对孩子的成长是非常不利的。

带孩子多和年龄小的孩子玩，让孩子充当哥哥、姐姐，这样在游戏中就会增强主动性，能够主动出主意，体会领导与指导的感觉。但是要让孩子懂得谦让、不能霸道的道理。

相当一部分家长习惯于事事为孩子做出决定，而少有征求孩子的意见；一旦孩子不遵从，就大加责备。其实孩子有孩子的想法，家长在任何时候都要注意让孩子充分表达自己的意愿，给他自主思考的机会。

很多家长在要求孩子做事时，往往喜欢使用命令句式，如"就这样做吧""你该去干什么"。这种语气会让孩子觉得家长的话是说一不二的，自己是在被强迫做事，即使做了心里也不高兴。家长不妨将命令式语气改为启发式语气，如"这件事怎样做更好呢""你是否该去干什么了"，这种表达方式会让孩子感觉到家长对自己的尊重，从而引发孩子独立思考，按自己的意志主动处理好事情。

孩子大都喜欢唠唠叨叨地讲他见到的一些人或事，家长千万不要嫌孩子啰唆和麻烦，因为这种"唠叨"恰好是孩子自主意识的最早的体现，他是试图向成人表达自己对这个世界的看法。因此，家长不仅要静听孩子的"唠叨"，还要鼓励孩子多"唠叨"。

不少家长在听孩子讲话时，有时会觉得孩子的语句、用词不够成熟，喜欢抢过孩子的"话头"来说，这样做无疑是剥夺了孩子说话的机会，同时也会让孩子对以后的表达失去信心。因此，在孩子想说话的时候，即使他词不达意，家长也应让孩子用自己的语言把意思表达出来，而不能抢做孩子的"代言人"。

家长可随时随地提醒孩子注意观察事物，给他们探索的机会，观察之后，还应问一问他看见了些什么，学会了些什么。当孩子向家长作"报告"时，家长留意倾听并适时点拨，会令孩子得到鼓舞。

当孩子为自己所做的事与家长争辩时，家长千万不能斥责孩子"顶嘴"，要给孩子充分的辩解机会；当孩子与他人争吵时，家长也不需要立即去调解纠纷，可以在旁聆听和观察，看他说话是否合理，是否有条理。这对培养孩子独立思考的能力大有益处。

孩子的一些"小事"应由孩子自己安排，如过生日请哪些小朋友，到商店买什么样的衣服，选择什么玩具等。"大事"给孩子提供参与的机会，如房间的布置，可以和孩子一起筹划设计方案，鼓励孩子提出自己的建议，如果可行，则尽量采纳其建议。

对孩子盲目模仿、追随别人的表现，家长要流露出不满："我不喜欢你这样做。"而一旦孩子提出了自己独立思考后的意见或出了一个好主意，家长就要经常以此表扬他，即使孩子的意见未必恰当，也应当首先称赞他自己动脑筋想办法的表现。然后，再修正他提出的意见。这样做，既能从正面强化孩子的独立性表现，又能从反面帮助孩子克服盲目追随的行为。

爱哭鼻子，一没人管就哭哭啼啼

清晨，玉玉和妈妈牵着手，玉玉小脸阴阴的，慢慢地走了过来，还没到教室门口，眼泪就下来了。她抬起头，紧紧抓住妈妈的衣服，"妈妈，妈妈"轻声地纠缠着什么，妈妈连连点头，嘴里也叨咕着。

教室门口，老师迎了上去，玉玉住了口，手却抓得更紧了，试图拉着妈妈往回走。"玉玉，为什么哭呀？"玉玉看了老师一眼，显得更着急了，近乎哀求地缠着妈妈边哭边说："妈妈，我要回去。"妈妈唯恐老师批评玉玉，连忙说："李老师，我们到楼下去一趟，待会儿再上来。"说着,又带着玉玉下楼去了。

玉玉是个内向偏于孤僻的孩子,是班里哭得较"韧"的几个孩子之一,上学第一学期快近尾声时,才适应了学校生活。可是每次上学,依旧要哭。

 孩子的心里话

我觉得"爱哭鬼"这名字安在我身上是最合适不过的了,因为我确确实实很爱哭,生活中的我常会为一点小事哭个没完没了。

有一次,老师在上台背诵的名单里念了我的名字,本来会背的我,一下子就变得紧张了。刚刚背了前面的几句开头,后面的就怎么也想不起来了。我越想越委屈,"哇"的一声哭了出来。我的泪水像决了堤的洪水般涌出来,怎么止也止不住。我哭了整整一个下午,直到下了课,泪水还未停止。我真是个"爱哭鬼",多希望自己可以改掉这个毛病。

家长该怎么办

一定要弄清楚孩子为什么哭,找准根源,解决了,他就会停止哭。不要怕他哭,不要他一哭,就把什么好东西都拿给他,以致他有一种错误的想法,要得到什么就哭。

当孩子有问题时,不要一听见他的哭声就紧张地回应他,而要让他先停止哭,把问题说出来。训练孩子不要每一次有事都只以哭声来表达不满,同时要给予孩子充分的时间去平复情绪。一个哭得稀里哗啦的孩子,要他立即停止是不可能的,父母可以先清楚地把话说完,然后静静地陪在一旁,等他平复下来,不要催促或者表现出不耐烦。

平时父母对于孩子的任何问题,都要认真回答,教他们学习如何用语言来表达意见,不必每一次都要哭。当孩子一不如意就哭起来的时候,决不能因此而照他的意思去做,借以让他停止继续哭下去。因为他们会习以为常,以这种方式要求父母为他做事或得到一些东西。反之,如果知道孩子是有目的而哭，父母应立即走开，不理会他。

　　父母应坚定自己的立场，任何情况下都不要向孩子的哭闹让步，让他知道哭泣并不能为他带来他想要的东西，而如果不哭，或许还有机会得到。年纪稍大的孩子，有必要向他解释动辄哭泣是一种错误的行为，教导他遇到问题应该立即想办法去解决。例如，遇到问题而自己却不能解决时，可以告诉父母，向父母求助；有任何需要或病痛时，可以直接向父母说明。

　　可以向孩子称赞一些他认识的不爱哭的孩子，并鼓励他向这些孩子学习。孩子偶有不如意却没有哭的话，父母就应及时夸奖他有进步了，给他一些口头称赞、一个拥抱或一个亲吻等。如果父母能坚持以上的方法，不向孩子的哭闹让步，逐渐地他将会停止以哭泣来威胁你。

　　对于因为缺乏自信或性格懦弱的孩子，必须多给他鼓励，让他尝试自己去处理一些问题，不要凡事都要求得到别人的帮忙；虽然做不好，也鼓励他再次尝试。失败了，教会他先不要哭，静下来想一想应该怎么做比较好。问问他：妈妈(爸爸)也一起来帮忙好吗？得到认同后，一起把问题处理好，再与他一起检讨这件事。

　　孩子的懦弱，大半是因为父母溺爱造成的，所以必须多给孩子自己去面对难题的机会，不要凡事都替他去做。还要让他多与其他孩子接触，学习如何与人相处，才不会凡事都感到害怕，逐渐把胆量壮大起来。

　　了解到孩子是因为情绪问题而哭闹后，父母千万不能对孩子的哭闹表现出不安情绪。父母明显的不安，会妨碍到孩子理解所发生的事和哭闹的根由，越想越怕，最后哭得更厉害。

　　很多父母喜欢在孩子哭的时候数落孩子，其实此时孩子的注意力完全集中在自己的感受和令他安心的父母的存在上，对四周事物全不在意。孩子哭的时候，听不进父母的忠告，父母的任何责怪也只会加深他受到的伤害。

　　孩子的哭泣是一个心理康复过程。等孩子哭够了，重新感到安全和自信时，会急切地想知道刚才到底是怎么回事。因此，家长只需抱着孩子让他哭个够，等孩子差不多停下来时，说句"看见你刚才摔倒的地方了吗？那儿有水！"就足够了。畅快的哭泣已经淡去孩子由于意外的受挫所感到的紧张与困惑，他能知道是什么原因造成的失败，也会将它记在心中，下次不会再犯同样的错误。

抚摩和爱抚的目光也是父母能给孩子的最有力的支持，是早期教育的重要手段之一。搂住孩子并注意相互位置，让他在愿意时能望到妈妈的眼睛。不要让他趴在肩头上哭，或一直把头埋在膝头上。要温和地鼓励他抬头看着爸爸妈妈，感受爸爸妈妈对他的爱。

孩子哭的时候，情绪会随之放松。他在宣泄悲伤的过程中，能敏锐地感受到父母的反应。温柔的触摸，轻抚他的面颊，把他搂在怀里轻摇，不时地轻吻他的小手，都会把爸爸妈妈的关切直接送入他的心田。在孩子哭泣的时候，言语几乎是多余的，一个温情的小动作，比100句多余的说教更直接也更有用。

如果孩子是由于害怕某个特定事物而哭泣，那父母应该向他保证爸爸妈妈一定能保护他，不会让他受到伤害。当孩子感到非常恐惧时，这种保证可以提醒他注意"现实是安全的"这一事实，但不要期待这些话会止住孩子哭泣。孩子在通过宣泄重新获得安全感的过程中，的确需要听到爸爸妈妈的安抚式的保证。

倾听孩子，既不意味着认可他的情绪，也不意味着纵容他。在倾听的过程中，父母只是在帮助孩子摆脱不良情绪。孩子只在烦恼得不能正常思考时才会哭闹。烦恼和不安，能压垮孩子，驱使他做出非理智的事来，所以孩子才力图把这些不良情绪"哭掉"。父母的倾听可以逐渐减弱不良情绪对孩子的控制。一旦完成整个倾听过程，孩子自己的良好判断力就会得到恢复。

倾听一个哭闹的孩子本身并不复杂，它对孩子的成长极为有益，但实践起来确实不容易，很多父母尚未完全践行，已经被高分贝的哭闹声"逼上梁山"。要做到全神贯注地倾听孩子，父母也需要别人花时间来倾听自己的想法和感受。不妨和亲友们分享自己的育儿烦恼并寻求支持和意见。父母自己了解到倾诉的好处时，就能更容易地做到耐心听孩子的倾诉，能更有效地帮助孩子摆脱烦恼。

孩子还小，语言表达能力尚不完善，因此当需求得不到满足时就哭是很自然的事情。有的家长经不住孩子的哭闹，随意满足孩子的要求，这就相当于变相对孩子的行为给予奖励。

所以，当孩子提出要求时，家长一定要把握原则，能满足的尽量满足，暂时满足不了的，可以用恰当的方式延缓，比如转移他的注意力。如果是原则性的问题，大人就应该坚持原则，否则他将来就会养成以哭来要挟家长的习惯。

当然，他哭的时候，家长可以适当安慰，告诉他爸爸妈妈理解他的感受，然后平静地抱抱他，态度一定要温和而坚定。不久他就会明白家长的底线，学会遵守规则并放弃这种哭闹的方式。

57

老是借东西，不是这忘带就是那忘拿

情景再现

"然然，起床了。"妈妈喊道。然然伸了个大大的懒腰，才慢吞吞地穿上衣服。"今天你爸爸去出差了，对了，记得带午餐！"妈妈又唠叨道，然然不耐烦地说了声"哦！"看看表，哎呀，7点40了，要迟到了！然然急匆匆地跑了，终于赶上了公交车！

英语老师来了，让然然交作业。然然把书包翻来覆去地找了一遍，才想起忘带了来，她装出一副可怜兮兮的表情，说："我忘带了，下午再给您好吗？"老师的脸立刻由晴转阴，瞪了然然一眼，然然不敢直视老师的眼睛。

吃饭了，然然这才想起没带午餐，看着别人吃着香喷喷的午饭，然然的口水都要流出来了。她把自己这一天的经历讲给妈妈听，妈妈说：

"你怎么就这么健忘呢？"

 孩子的心里话

我最大的特点就是忘性大。经常到学校门口才发觉自己忘戴红领巾或是忘带作业本、通知书之类的，就又转身往家跑。有一次，又忘了带放假通知书了，下午不上课，爸爸妈妈又不在家，老师只好让我回家去取，我就回家了，可过了十几分钟，我又满头大汗地跑来了，两手空空的，上气不接下气地说："老师，我忘了放在哪了。"惹得全班哄堂大笑。不过现在，每天都有几个好朋友提醒我，我的记性好多了。

家长该怎么办

1.平常即让孩子了解到父母对他的关心

你会关心孩子今天过得好吗？在学校有什么开心或不开心的事呢？会试图了解他的情感并回应他吗？这些都是很平常，但对孩子很重要的事。孩子被关照了，需要被爱与被注意的情感也就满足了，自然不需要用奇奇怪怪的方式来吸引大人的目光。在意或困扰的事被了解了，孩子的心也会比较稳定及踏实，才有能量留意生活中，需要自己注意的事。

2.肯定孩子做得很棒的地方，以增加行为动机

当孩子记得整理自己的用品、离开前察看自己的所有物品、记得带作业本时，记得肯定他这些行为，并夸赞他是个能为自己的事情负责任的孩子，这样能使他的困扰减少，生活满意度就变高了。

实时肯定他，也跟孩子最在意的老师联络，请老师在联络本上肯定孩子。孩子很棒的地方被注意到了，自然会想往正向的方向前进。

3.调整对孩子的教养方向

对于生理上有限制，或还没有机会学习独立负责的孩子，一下子要

求他跟一般孩子一样打点好自己所有的东西，是不容易的。如果孩子有很多东西常会忘了带，他会想要练习先记得带哪一种呢？他想用什么方式提醒自己？有些孩子是听觉型，大人提醒他，他会记着这件事；而有些孩子则是视觉型，需要记下来放在明显的地方才不会忘记。依据孩子的个别需要与他讨论最适合的方法，当有了好经验时，这个好方法便成了他的秘诀了。

当孩子的生理限制大大地影响生活面时，寻求医师的协助，通过用药帮助孩子专注或具组织力是需要的。孩子也能从好经验中对自己有信心，展现他原本的能力。

4.应以耐心对待孩子

此外，孩子自制能力尚未成熟时，尽量避免提供容易沉迷的刺激，如果能多让孩子接触大自然或充分地活动，不仅能刺激孩子的感觉统合能力，也能帮助孩子平稳情绪，思绪清明的孩子心里较有余裕得以关照自己的事。

爱孩子的父母们别忘了提醒自己：孩子也想做对、做好，只是可能需要比32次更多的练习罢了。这时候身为父母的你，只需要陪着孩子往对他成长有利的方向前进就可以了。

5.教一些记忆技巧

帮助孩子设置记事本，养成每天记事的习惯（没有书写能力的用图画表示）。例如帮助孩子用贴标记的办法辨别物品，将物品分类摆放，贴上类别标记，好取好放等。

必要的时候可采取"自然后果惩罚法"，就是让孩子因丢三落四吃苦头，例如孩子因丢三落四没有带上课的学习用品，一定不要给他送去，让他因此吃苦头。例如孩子因丢三落四总是丢失文具，一定不马上给他买来，让他因此吃苦头等。从而痛定思痛，对自己的毛病产生反感，有利于增强孩子改掉毛病的自觉性。

6.让孩子参与家庭生活

要让孩子积极地参与到家庭生活的方方面面。当孩子体会到了他在整个家庭里并不是可有可无的，他确实是被整个家庭所需要的时候，他对家庭的责任感便会油然而生。要做到这一点，家长首先必须转变观念，要把孩子当作是与自己地位平等的人，而不能老把他当作什么事情都不懂的小孩子，家里的一些事情，无论是否与孩子直接有关，都可以让孩子发表一下意见，让孩子帮着出谋划策，对孩子提出的好建议、好想法要积极采纳并加以表扬和鼓励；家里的家务活也要有一个明确的分工，每天爸爸应当做什么，妈妈应当做什么，孩子应当做什么都要有分工，当然孩子可以少承担一些，但决不能因为怕耽误孩子学习而大包大揽；家长还可以在孩子寒暑假期间让他当一段时间的家长，这期间家里大大小小的事情，只要不会给家庭带来巨大的损失，都可以由孩子来做主，都可以由孩子来安排，孩子从自己当家长的经历中能够学到许多，也能够提高许多。

7.让孩子学会自我服务

许多父母从来不让孩子做服务自己的事情，孩子衣服从来就没有自己洗过，吃完饭就把饭碗推到一边，玩过的玩具随手就扔，被子要让妈妈代叠，洗脚要让妈妈打好温水，上学时书包也要让妈妈收拾。

培养孩子的责任心首先就要求家长让孩子去做一些他力所能及的事情，让孩子学会自我服务，让孩子去为自己多承担一些责任。父母的包办行为会使孩子失去责任心，要培养孩子的责任心，父母就要在孩子的学习、生活中纠正他的不良习惯，让孩子学会自己的事情自己做。让孩子处理自己的事情，目的就是要克服孩子依赖性，培养独立性，也就是让孩子独立思考问题、独立解决问题、独立去处理自己应做的事。

8.要对孩子"从小抓起"

"从小抓起"有两个含义，一个是指要从孩子年龄较小的时候就注意责任心的培养，另一个是指培养孩子的责任心要从生活中的小事抓起。孩子责任心的培养宜早不宜迟，其实孩子在孩子时期就表现出一些自主的意愿。对孩子责任心的培养应该从小处着手，从孩子日常生活的点点滴滴开始，哪怕很小的事情，比如孩子做完作业后让他自己整理书桌，整理书包，削铅笔，吸墨水，吃完饭后帮着收拾一下碗筷等，这就是所谓的"勿以善小而不为"，孩子这些事情做得多了，做习惯了，他的责任心自然就培养起来了。

9.让孩子品尝一下苦果

孩子处于成长之中，他对一些事情表现出没有责任感也是正常的，因为他许多时候的确不太清楚这样会对他有什么不好的影响，所以为了培养孩子的责任感，家长可以适当地让孩子品尝一下办事情不负责任的苦果，孩子如果一而再地受到了这样的惩罚，他自然就会提高警惕，下次做事情的时候自然就不会再马马虎虎、草率了事。

10.让孩子勇敢面对和承担责任

因此，要想培养孩子的责任感，家长应当要求孩子勇于对自己的言行负责，不论孩子有什么样的过失，只要他具备承担责任的能力，就要让他去勇敢地面对，就不能让他逃避和推卸，更不能由大人越俎代庖。比如孩子损坏了别的孩子的玩具，家长就应要求孩子自己去帮人修理或照价赔偿；孩子一时冲动打伤了人家，家长就应要求孩子自己去登门道歉；孩子犯了什么错误，家长就不能遮掩着不告诉老师，或者把错误揽到自己头上。

11.要求孩子做事有始有终

良好的责任心是要靠坚强的意志力和持之以恒的态度来维持的，而这恰恰是许多孩子所缺失的，孩子往往好奇心很强，兴趣爱好也很广泛，但就是做起事情来却只有几分钟的热度，不是虎头蛇尾就是半途而废，稍稍遇到一点困难和挫折就打退堂鼓，不愿意再坚持下去，在别人看来就非常没有责任心。因此，为了增强孩子的责任心，家长平时就应当注意培养孩子做事有始有终、负责到底的良好习惯，交给孩子去做的事情，不管是大是小，家长都要全程地监督，发现问题及时地纠正，决不允许孩子做到一半就随意放弃，要直到孩子从头至尾认认真真地把事情做完做好才能罢休。

12.对孩子要重过程轻结果

孩子毕竟是孩子，他的手或许很笨，他的动作或许很不麻利，他做事情时或许会经常出错，这些都是很正常的，要不然他就不是孩子了。家长让孩子做事的时候，一定要沉得住气，一定要学会等待，一定要能够容忍孩子的不完美，决不能因为孩子床铺叠得不整齐、收拾书桌不够利落、袜子没有洗干净、清扫地面丢三落四而不让他做，要知道，孩子只有通过不断的实践体验才能逐渐提高自身的做事能力和责任意识，这里最重要的是孩子做事的过程，是孩子通过做事所得到的对"责任"的一种宝贵心理体验，只有这样的心理体验多了，孩子的责任意识才能不断地得到强化和提高。

58

提醒依赖，一句话没说到就会出状况

悦悦在家习惯了衣来伸手、饭来张口，从小到大，都是父母代劳的，这也养成了她依赖的习惯。虽然已经是上中学的大孩子，可是如果父母不给打理好上学之前需要带的东西，悦悦就会经常忘记这个那个的。

如果父母不在家，她就可以在家上网一天，不吃不喝。谈到自己的孩子，悦悦的父母也多是责怪，但是过后，他们依然会替她办一切的事务。

 孩子的心里话

我是一个很懒的女孩子，正因为我很懒，所以我什么事情都喜欢依赖我的父母。其实我不想依赖我的父母，就是我的父亲把我给宠坏了，每一次妈妈叫我扫地，他就会说："扫什么扫呀，很多灰尘，明天我会扫。"

每一次我想洗衣服的时候，妈妈也叫我洗，可是爸爸却说："衣服这么脏，她洗不干净。"所以我慢慢地就成为一个很懒的小女孩了，喜欢"衣来伸手、饭来张口"，现在我已经长大了，爸爸叫我学做自己的事情，而我却很不情愿的样子。我有时也会想，为什么会这样的呢？为什么我会如此地依赖父母呢？难道离开了父母我什么都不是了吗？

家长该怎么办

1.建立有序的家庭生活环境

物品放在固定的位置有利于改变孩子丢三落四的毛病。首先在衣柜、抽屉、书柜、挂钩、毛巾杆等处，孩子和家长分别摆放自己的物品，不要混淆在一起，用完东西放回原处。然后，孩子的书包、文具、书本、钥匙、水壶、雨伞、外套等常用的学习和生活用品也各就各位，不要混杂叠放。如果孩子记不住什么地方放什么东西，可以做一些特殊标记或者张贴形象的贴画。出门的时候，将随身携带的物品尽量放在一个袋子里，以免遗漏。最好在出门的地方放一张小桌或椅子，让孩子每天睡觉前把第二天要带的东西都放在这里，早上时间紧张出门就走，也不会落下东西。建立有序的家庭生活环境，会有效地减少孩子丢三落四的不良记录。

2.养成列清单、做检查的习惯

怎么办？其实，一方面家里一定要有规则，另一方面要让孩子自己来做决定、想对策、做计划。在买玩具、图书或食品前先谈好条件、制订购买计划，然后让孩子自己选择。

不管是工作中安排事务日程，还是生活中购物旅游，有的家长都有拉清单的习惯，然后做完一件事就在旁边做个记号，最后全盘检查一遍，发现没有遗漏就心安了。这种好习惯也可以传授给孩子。例如放学之后，家长问孩子："今天老师布置了哪些作业？明天老师让你带什么？"然后指导孩子把晚上的作业和早上带的东西列一个清单，放在显眼的地方，这样可以提醒孩子记住事情。刚开始孩子不会写字，可以用拼音或者简笔画代替。晚上睡觉之前，家长不要帮助孩子收拾书包，而是敦促和指导孩子动手操作，做完一件事就在清单上画一个勾，最后通盘检查一遍，查漏补缺。其他事情如孩子出门玩耍或旅游、过生日招待小朋友，也可以坚持让孩子列清单、做检查，并承担自我检查的后果。体验检查好了有甜头，检查不好吃苦头，提高孩子一丝不苟的自觉性。

有研究表明，总是由父母做决定的孩子，长大后常常缺乏判断力和选择的能力，而且缺乏责任感，甚至不知道如何对自己负责。因此建议父母多给孩子一点做决定的机会，让孩子学会如何做决定。

一个经常为自己的人生做决定的孩子，他是富有生命力的。尽管因为缺乏经验，他会遇到一点挫折，但那些挫折会成为难得的体验，最终和成就感一起，让他感觉到自己的生命是丰富多彩的，是有价值的。

家长要关注孩子的朋友群体。如果孩子周边的同伴都是比自己大的孩子，思维能力较强，主意多，小孩子感觉新鲜、好玩，自己怎么也想不出更好玩的方法，追着别人玩省事。同时，大孩子总会命令小孩子或让着小孩子，久而久之，小孩子就养成了跟随的习惯，没有主见，也懒得动脑出主意。

家长鼓励孩子多结交同龄的朋友。培养孩子的社交能力，引导孩子爱说话、有礼貌、带玩具与大家分享，受欺负了也要敢于争辩，有好玩法大胆出主意。慢慢地，孩子就会学到很多交往的技巧方法，并会随机运用。家长也要随时观察，适时地给予鼓励。如果孩子表现不好，不要数落孩子说：你看人家多聪明，就你胆小。这样的话语，会打击孩子的自信心，对孩子的成长是非常不利的。

带孩子多和年龄小的孩子玩。让孩子充当哥哥、姐姐，这样在游戏中就会增强主动性，能够主动出主意，体会领导与指导的感觉。但是要让孩子懂得谦让、不能霸道的道理。

3.学会放手做一个"懒爸爸""懒妈妈"

其实，孩子丢三落四的坏习惯大多是由于后天原因造成，这样的孩子通常依赖性很强，独立性较差。面对这样的孩子，家长要学会适时放手，不能过分包办，才能帮助孩子形成良好的生活习惯。

所以，家长应该学会偷懒，放手让孩子自己去完成力所能及的事。不妨将收拾玩具、整理书包这样的小事交给孩子自己去做，让他们从小事中培养独立的习惯。拿收拾书包来说，在孩子收拾的时候，家长可以在旁边告诉孩子应该怎么整理收拾，看着他收拾完毕之后，可以再提醒他"明天上课要用的数学课本带了没？""明天画画要用的蜡笔是不是装好了？"平时出去游玩，也可以让他负责收拾一些小零食、水、纸巾等小物件，如果他自己忘了带一个他最爱的零食，家长也要告诉他，因为是你忘记了，所以就没的吃了，以此提醒他收拾整理的重要性，培养孩子独立处事的能力。

4.用自然后果惩罚教育孩子

当孩子丢三落四时，父母不要立即伸手援助，给孩子提供"自食苦果"的机会，利用自然后果惩罚教育孩子。例如玩具找不到，就不能玩，家长不要替他找；没有带学习用品，家长不要给他送去；半路想起将什么东西忘在家里了，家长不要替他去取，让孩子自己回去取，迟到的后果让他自己承担。丢三落四的不良体验会强化孩子痛定思痛，对自己的毛病产生反感，敦促孩子吸取教训，从反面知道对自己的行为负责，提高孩子改变自己的迫切性和自觉性。

家长在家也可以从一些细小的事情开始对孩子进行锻炼，如：要求孩子用完东西后要放回原处，随时整理自己的各种用品，用做家务等方式，锻炼孩子整理物品的能力和责任感，帮助提高孩子的记忆力，减少丢三落四的毛病。

5.偶尔耍赖，逼孩子自己做事

"耍赖"可以说是孩子的法宝，为了达到自己的目的，孩子经常这样做，而且屡屡得逞，于是在以后更会运用得淋漓尽致。其实家长不妨学习孩子，适时运用一下"耍赖法"，以其人之道还治其人之身，会收到奇效。

6.逐步减少过度帮助

只要孩子自己能做的事情，就要让他尝试自己做，即使做不好，也要给予表扬，从而增强孩子的自信心。可以先指定一两件事情，限制时间让孩子完成。比如：起床穿衣服，先规定要自己穿，因为还不熟练，开始家长可以适当帮助，限定的时间也要长一些，经过一段时间的训练后，逐步家长不再帮助，再缩短穿衣服的时间，最后达到自己又快又好地起床穿衣。

孩子丢三落四的主要原因就是家长包办代替。家长包办代替使孩子处于被动等待的地位，事前有家长安排、事后有家长收拾，孩子不用操心、不用负责，因而做事有一搭没一搭的。如果家长偶尔没有为他做事，他还会埋怨和责备家长，把自己应该承担的责任推给别人。所以，家长一定要减少包办代替，尽量让孩子完成自己的事情，家长只是亲切地提醒、耐心地指导方法，而不是动手代办，给予孩子更多的身体力行的锻炼机会，使孩子形成受益终身的好习惯。

引导孩子对别人的讲话要认真听完，不理解或没听清的，应学会有礼貌地再次询问一遍，有意识地培养孩子办事认真、善始善终的良好习惯。给孩子立规矩，健全生活制度。家长应该从小指导孩子，把自己的东西放在固定的地方，以便拿放方便。培养孩子良好的记忆力。经常让孩子做有目的的记忆力练习，并告诉孩子"能记住！""一定能做到！"等积极的心理暗示语言。

该放手时就放手，该让孩子自己锻炼的时候就狠下心来让孩子锻炼。彻底改变孩子"衣来伸手、饭来张口"的依赖心理和无责任感的思想。家长要增加孩子动手动脑的机会，多让孩子自己去做自己去想，多给孩子增加一些当家做主的机会。家长可以和孩子互换角色，不妨来个"小鬼当家"，让孩子当家长，给他提供锻炼自立的机会。穿什么、吃什么、玩什么、与谁玩、学什么，这些多让孩子参与，尽量让他们自主决定。在学习上，家长不要全程陪读，要让孩子主动学习，多提问题，多思考，而不是让孩子等着家长的答案。

要减少对孩子的干预，越俎代庖、大包大揽只会弱化孩子的独立性，妨碍孩子的独立成长。孩子能做的事让孩子自己去做，孩子干不了的事情做不了的主，家长不能包办代替，让孩子站在台前，自己退到幕后，家长只当"参谋"，但不"代谋"，帮助孩子分析，提供建议和各种可能的方案，让孩子自己去选择。家长适时放手才能培养孩子的独立人格。家长要在孩子小时就指导他形成良好的生活习惯、学习习惯，在生活上养成自己事自己做的自理习惯，在学习上养成独立思考、自主学习的习惯。良好的习惯一旦形成，对以后的生活、学习起着加速发展的作用。家长还要教孩子做人做事的方法，掌握了方法就会触类旁通，同类问题就会迎刃而解。良好的方法能加速促进孩子的独立成长。

培养孩子的独立性并不是让他孤立，家长并不能甩手不管漠然视之，那样孩子即使独立性很强，也很冷漠。家长在孩子独立做事时，要主动分担孩子的痛苦，分享孩子的快乐。如果孩子独立做事遇到挫折时，家长不要训斥、责骂孩子，应适时表达自己对孩子的关切、同情、理解，重新为他鼓起勇气。如果孩子独立处理好新问题时，家长要分享他的快乐，为他喝彩，为他加油。

59

随波逐流，说话做事都跟着别人学

　　思思是个中学女生，成绩平平，样貌中等，除了较好的人缘，其他地方都毫不起眼。然而，这两天，她竟听到了同学朋友背地里说她虚伪、爱装。她不明白了，平时自己对周围同学百依百顺的，怎么这些人倒是说起自己的不是了。

　　不得已，思思将自己的苦恼向父亲倾诉。听完女儿的烦恼后，爸爸笑了笑说，每个人的性格、风格、思维方式都不会完全一样，只有坚持做自己，这个世界才会更精彩嘛。现在的思思和以前完全不同了，她学会了拒绝，而奇怪的是同学们却越来越喜欢她了。

 孩子的心里话

　　其实在我们的身边这样的人有很多，有时最后失去了成功的机会。比如，爸爸做学问，写报告，有的说做这个，有的说做那个，到底听谁的，还得爸爸自己拿主意。在学习上也一样，有些同学对自己缺乏信心，对所学知识不敢肯定。比如做题目，有的同学他自己已经做出了，而且答案是正确的，但听到某某同学说是另外一个答案，他就马上换成别人的答案，结果可想而知了。也有的同学，明明知道做某件事是错的，但别人让他去做，他就去做了。这些人，我真的不知道他是为谁而活？有明辨是非的能力没有？

是的，有的时候，人可能看不到自己的错误缺憾，对别人合理、善意的建议，应该考虑采纳。但如果做任何事，自己不动脑筋，没有主见，只是一味地去听从别人的话，那真的是愚不可及，成功的概率会很小，甚至会犯下不可饶恕的错误。

家长该怎么办

1.父母需作出具有强烈责任心的榜样

家庭教育的突出特点就是潜移默化。如果父母是对家庭很有责任心的人，对工作有强烈事业责任心的人，对社会同样很负责任的人，这对孩子的教育是无声的。

但是，如果父母一方或双方对家庭不负责任、对工作不负责任、对社会不负责任，这对孩子潜移默化的影响也是很严重的。问题家庭变成问题孩子并不少见，父母自己事业心不强，反过来却要求孩子好好学习，效果肯定会大打折扣，对社会没有责任心，增强孩子的自私心理，这就为孩子人生的成功埋下了炸弹。

2.父母要尽可能多给孩子提供担当责任的机会

责任是在行动中培养的，不是口头的说教，而且越早越刻骨铭心。孩子的生活不会有惊天动地的事。因此，责任心的培养也只能从点点滴滴的小事上做起，从不经意的细微之处做起。只要父母"狠下心来"，不代替孩子，就可以做到。

3.培养孩子的创新意识

把贫困变成富裕需要创新，把落后变成先进需要创新，把优秀变成卓越同样需要创新。

从大的方面说，改变社会、改变人类命运的国家、政治、经济和文化教育体制需要创新。从小的方面说，改变自己的生存环境，改变自己现在的工作和学习能力，改变某件事情的方式、方法都是创新，这是人人都需要而且也都能做得到的。

所以，创新的第一道门坎，就是想不想去改变，这就是有没有创新意识，想改变就有了主观能动性，办法总比困难多；如果不想改变，那必定是墨守成规，也有足够的理由说明不能改变。创新意识是向成功迈出的关键一步。创新意识的培养从心理机制上讲，最重要的是人要具备三种因子：怀疑因子、抗压因子和自变因子。

三种因子的具体解释是：敢于对于人们司空见惯的，或者完美无缺的事物提出疑问；敢于向旧传统和习惯发出挑战，力破常规；敢于主动否定自我，突破自我。

创新意识在表现形态上就是敢于说"不"。

敢于向自己说"不"，就是不满足现在的自己，要挑战自我；

敢于向传统说"不"，就是不因循守旧，要挑战习惯；

敢于向别人说"不"，就是不迷信、不盲从别人，要挑战权威。

在家庭教育中，作为父母的你是不是曾经有过说"不"的经历，不妨试着列举一些，并想方设法去改变它，哪怕是奇思妙想，然后再去实践，家庭教育现状就会大为改观。

同时，还要教育孩子敢于说"不"。现在真的很厌学习的孩子，如果不满意自己的学习现状，那么，为什么不去改变现有的学习方式，把问题找出来，彻底与落后的学习方式决裂？何必在传统落后的方式下死拼，创新一定会带来学习上的柳暗花明又一村。

4.不要给孩子贴反面"标签"

生活中，总会听到家长这样评价孩子："这孩子就像没长脑子一样，做什么事也不知道思考！"

"这孩子总是很忽略，就凭他这忽略劲儿，他也考不上重点中学！"

其实家长这样评价孩子，是给孩子贴标签的一种表现，这种行为往往会使孩子放弃努力、放弃改换自己，从面真正承认家长给他们贴的这种"标签"。

其实，大多半的孩子都有改正自己坏毛病的欲望，但如果家长一直在他耳边唠叨："你总是很坏""你总是学不好"，那孩子就会完全承认这种性格，想改掉这种坏毛病的欲望也越来越小。任何反面"标签"的作用都是这样的，它会使孩子承认这种反面"标签"，乃至以这种反面"标签"为理由来推卸责任。因此，在任何时候父母都不能给孩子贴反面"标签"。

当然，正面的"标签"对孩子是有激励作用的，例如，家长总是对孩子说"你很细心""你将来一定会成为一位了不起的人物"，这样，孩子也会承认家长所贴的这种"标签"，进而也会为达成这种"标签"而努力。

5.教育孩子不要被别人的意见淹没

现实生活中，很多家长管孩子管得很死，孩子的任何思想、行为都得符合他们的心愿，他们不允许孩子超越他们的思想，更不允许孩子自作主张。

孩子长期生活在这样的被动接受的环境里，很容易成为一个消极被动、没有主见的人。消极被动的人在学生时代喜欢把不如意的事情纷纷归罪于基因遗传、星座、血型等因素，并由此变得自怨自艾，总是怪罪别人的不是，指责环境的恶劣，从而陷入消极被动的恶性循环，难以自拔。

消极被动的人进入社会后，总是认为自己受环境和他人的左右，如果别人不指点，环境不改变，自己就只能这样消极被动地生活下去。因为习惯了等待命运的安排或贵人的相助，所以，他们只相信事情会主动找上他们，而不相信自己能主导或推动事情的进展。这种消极被动的人现在就处于被动、受制于人的地位，以后随着社会的发展，这种人更难找到自己的生存空间。

6.让孩子从小树立自主意识

孩子是家庭的一员，更是社会的一员。家长管不了孩子的一辈子，孩子早晚都得脱离父母的视线，自己对自己负责。所以，与其事事监管周到，不如早早就让孩子树立这样的意识：

每个人都不是别人的附属物，应该努力迫使自己从被动转向主动，成为自己未来生活的主人；没有人比你自己更在乎你的生活和学习；没有人比你自己更适于管理你的人生和前途；只有积极主动的你，才能找到真正的"自我"；只有积极主动的你，才能在瞬息万变的竞争环境中赢得成功；只有善于展示自己的你，才能在未来的社会中获得更多的主动。

在人生的旅途中，你是你自己唯一的司机，千万不要让别人驾驶你的生命之车。你要稳稳地坐在司机的位置上，决定自己何时要停车、要倒车、要转弯、要加速、要刹车，等等。人生的旅途十分短暂，你应该珍惜自己所拥有的选择和决策的权利，虽然可以参考别人的意见，但千万不要随波逐流。不要让任何人的意见淹没了你内在的心声。重要的是，拥有跟随内心和直觉的勇气。你的内心与直觉知道你真正想成为什么样的人。

7.让孩子做最好的自己

一个孩子，如果完全是按照家长和老师的要求生活，当他渐渐长大后，可能就会发现没有自我，没有他自己想要的世界。人最本质的动力来自于自我的觉醒，不仅要活着、要存在，还要做自己想做的事，成为自己想成为的人。

人生在世，原本每个人都有权决定自己要扮演的角色。但实际上，很多人只是在扮演别人给他指定的角色，无论演得多好，他的内心都会失落，因为这不是他想要的。

关于人生，有两个最基本的概念，一个是舞台，一个是角色。舞台是我们存在的环境，角色则是自我的表现。我们这一生，到底要做一个什么样的人，要在什么样的环境中做那样的人，这是每一次人生选择的关键点。

过自己想过的生活，成为自己希望成为的人，这很重要。譬如网络高手，如果你认为自己的理想就是要成为一个网络高手，你一坐在电脑前就感到充实、愉悦，感到生命有意义，那么你就是成功的。但假如你一坐在电脑前就有一种失落感，你不认为这是你应该过的生活，却无力自拔，那么你技艺再高，也是失败。

对待自己的职业，对待自己的生活，最重要的标准都只有一个，它是不是你想要的！孩子需要做他自己，而且是做最好的自己，他才有自己的价值，也才有自己的快乐和幸福。

8.培养孩子与众不同的心态

让孩子从小就觉得自己与众不同。与众不同感应来源于生命的真实感受。每个生命都是特殊的，都负有特殊的使命，要让孩子感受到自己生命的独特性。用中国的话说，就是"天生我材必有用"，人生下来就是要成就某种非凡的事业的，是负有使命的。当你的孩子感受到自己生命的特殊之时，就可能有一种"生命的觉醒"，觉得此生不可虚度，要给世界留下点东西，进而变成一个有责任感的人。

9.培养孩子的创造力

创造始于不满，鼓励孩子不要满足于现实。在日常生活中家长应该鼓励孩子积极独立思考，不盲从，不迷信别人，主动探索，从多角度、多方面地想问题，看事物，发现事物的不足，敢于探索研究并发表独特的见解。

创造始于问题。引导孩子勇敢提出问题。平时家长要善于引导孩子去发现问题，提出问题。喜欢问"为什么"，这正是孩子学习的最好时机。面对孩子的"为什么"，父母都知道要耐心回答，但其实最好的方式是先问孩子自己的答案，让他有机会先思考，而不是被动地接受信息。父母可以针对孩子的回答再继续提出新问题，借此来引导孩子发掘出更多的想法，并一步步找到答案。孩子无数个问号中孕育着创造力的萌发。

创造源于想象。丰富的想象是创造的翅膀，是孩子创造性学习、创造性活动的基础和不可缺少的条件。激励创造力的发展想象是一种形象思维，它是以记忆的表象为基础，对记忆表象进行加工改造，形成新形象的心理过程。孩子在进行创造过程中，必先以想象为先导，没有想象就没有创造的意向，就不可能进行创造。明智的家长总是根据孩子的想象力进一步激励，引导孩子去实现其创造构想。

创造是独特而新颖的。如果孩子能提出不同寻常、出人意料的问题，能回答出新奇的观点，这正是他们的难能可贵之处。此时，家长千万别早早地把孩子的创造力给抹杀了，应从中及时发现孩子与众不同的地方，对孩子的新奇念头、大胆想象等进行称赞和鼓励。要接纳孩子的逻辑观，而不要要求孩子习惯成人的思考架构，由于尚未受到太多社会价值观的影响，孩子的想象力本就天马行空，父母要试着欣赏孩子的创意，多鼓励他发表自己的想法。

创造成功需要大量实践。鼓励孩子大胆尝试，激发孩子学习兴趣，使孩子养成勤于思考、敢于质疑、勇于动手的好习惯。激起他们的创造发明的热情，可以多让孩子搞些小试验、小发明，使孩子触类旁通，从中获得创造成就的勇气和信心。

兴趣是最好的老师。可以说兴趣是激发孩子创造力的发动机，当孩子对某件事物有了浓厚的兴趣时，就会主动运用各种感官去看、去听、动口说、动脑想、动手操作，积极探索，孩子的兴趣越浓，就越能充分调动其创造性思维的活动。珍惜孩子的好奇心，因为好奇是孩子的天性，也是他们探索知识奥秘的动力。好奇心愈强，想象力愈丰富，创造性就愈高。

培养孩子良好的个性品质。古今中外做出巨大贡献的、富于创造的人都具有热爱事业、兴趣广泛、情绪乐观、自尊自信、持之以恒、不怕困难的特点。因此，家长在重视和开发孩子的智力时，不能忽视对孩子非智力因素的培养。放手让孩子多做力所能及的事，给他"拆拆""装装""试试"的自由，即使孩子做错了，也要因势利导，使他不怕失败，勇于进取。

60

居安不思危，反正有爹妈扛

情景再现

　　康康总是被妈妈打扮得干干净净的出门上学，可是到了晚上放学时，衣服已经分不出鼻子眼儿了。康康的妈妈虽然时常提醒，康康虽然嘴上答应得好，但衣服依旧面目全非。为了让康康学着自己做点事情，妈妈第一次让他学着洗了自己的衣服。不试不知道，原来洗个衣服也那么麻烦，康康不是洗衣粉放多了，就是水加少了，还差点把衣服弄得浑了色，这下康康总算是明白了，妈妈平常要做那么多家务，真是好辛苦。从那以后，康康开始学着自己的事情自己做，他觉得自己特别棒。

孩子的心里话

　　以前，在妈妈眼里，我就是吃啊睡啊，从来没帮妈妈做过家务，这令妈妈很头痛。她常唠叨说，你长大后可怎么办呢？今天我在学着洗了衣服之后，才知道妈妈天天都要做这么多事，真是很累。于是，我决定从现在开始，自己的事情自己做，不能总是依赖妈妈，以后我要自己做更多更好的事。

家长该怎么办

1.让孩子学会自理

有的家长不能正确认识孩子身心发展的规律，一味地呵护和溺爱孩子，凡事包办、代办，有的家长只重视孩子的学习，认为孩子只要学习好就行，做其他事情都是浪费时间，这些对孩子的成长都是不利的。父母在教育孩子的时候，该放手的时候就放手，应该逐步培养孩子的独立生活能力，让孩子形成自己的事情自己做的意识，在锻炼中健康成长。

要知道，孩子生来并不是要人照顾的，她们的依赖性多半是与父母的包办有关的，孩子的依赖性越强，选择的机会就少了，做决定的机会当然更少，就会养成凡事依赖父母的习惯。

凡是孩子自己能做到的事情，尽量不要替孩子去做，不要因为孩子做得慢或不好就包办代替，最后让孩子失去很多学习的机会，养成不良的习惯。家长不要吝啬自己的时间，要多教给孩子一些做事的方法，请相信孩子，经过一段时间的锻炼，孩子会做得更好。

2.让孩子承担简单的家务劳动

孩子虽小，也能够做一些力所能及的家务事。例如：可以在饭前摆放碗筷，擦桌椅，扫地，倒垃圾，洗自己的小件衣服。作为家长一定要坚持孩子自己去完成，切莫代劳。

提倡孩子参加力所能及的劳动，其旨意不是在于为自己及他人乃至社会提供多少服务、创造多少价值，而是在于通过劳动培养全面发展的社会人。由于孩子做事坚持性差，在培养"自己的事情自己做"方面需要老师和家长经常提醒，适时鼓励，增强孩子学习做事的兴趣，使孩子初步养成做事有始有终、负责到底的良好习惯。总之，教孩子学会自己的事情自己做，不仅能培养孩子的独立性，还能培养孩子爱劳动的品质。这对孩子的成长是具有积极意义的。

3.充分相信子女

家长多提供独立处理问题的条件和环境。比如双休日给孩子提供一次当家的机会，让孩子独立安排饮食，举家出游，让孩子负责购物，等等。也可以虚拟一些环境或课题叫他们处理、解决。

在孩子遇到挫折后，不必看得过重，学习偶有失误也不必大惊小怪，否则只会增加孩子的心理负担。要保持情绪的稳定，采取和风细雨的抚慰，才能培养豁达的胸怀，而不是横加指责，火上浇油。

4.多考虑孩子自身的需要

很多妈妈采取"妈妈说、孩子听"的教育方式，常常按照自己的想法来安排孩子的生活，却很少考虑孩子自身的需要。对此，我们需要思考一下，我们为孩子安排生活上的事情，是不是他自身真正需要的呢？我们这样做，是不是真的利于他的成长呢？他能从中得到快乐的感受吗？

一般来说，孩子长期生活在"一言堂"的家庭环境中，不会感觉到快乐，做事的积极性会越来越低，各方面能力的正常发展也会受到抑制和影响。所以，我们应该从孩子的立场和角度出发，多考虑他自身的需要，多听听他的想法和意见。其实，真正适合孩子自己的，才是最利于他成长的。

5.教孩子"自己想办法"

从小让孩子自己去解决自己的事务。要让他们明白，任何人都别想推卸责任，让别人替他们预先规划或收拾残局。要让他们在失败中学习，不要什么都帮孩子做。可以帮助孩子分析失败的过程，帮助他们更好地自省，可以告诉他你会怎么做，以提高孩子的判断力。